학령기 말더듬 아동과 청소년을 위한

유창성 증진 및 인지·정서 중재 프로그램

신명선 · 김효정 · 장현진 공저

학지사

이 저서는 2019년 대한민국 교육부와 한국연구재단의 지원을 받아 수행된 연구임
(NRF-2019S1A5A2A03054105)

말더듬은 겉으로 드러나는 비유창한 행동뿐만 아니라 자신의 말을 통제할 수 없다는 무력감이 말에 대한 효능감과 자아존중감에도 영향을 끼치는 복잡한 장애이다. 말더듬 발생 초기의 아동들은 말더듬에 대한 인식이 없거나 약해서 간접치료와 유창성 증진에 초점을 두고 중재하였을 때 비교적 예후가 좋다. 그러나 초기 말더듬에서 중간급 말더듬으로 진행되는 학령기 말더듬 아동은 말더듬 증상이 보다 심해지면서 부정적 정서와 자아상을 형성하게 된다. 따라서 이 시기에는 외현적인 유창성 증진 중재 외에도 자신의 말과 말더듬에 대하여 어떻게 인식하는지, 말더듬으로 어떤 핸디캡을 갖고 있는지를 파악하도록 함으로써 말더듬 중재에 대한 동기와 말의 효능감을 증진하는 중재가 필요하다.

말을 유창하게 하는 것은 누구에게나 중요한데, 특히 학령기에는 유창성이 학업과 또래 관계에 많은 영향을 줄 수 있다. 학령기 및 청소년기 말더듬 아동은 일상생활이 가정에 국한되지 않기에 환경을 통제하는 것이 쉽지 않다. 그러므로 대상자가 말과 관련된 환경적 자극을 어떻게 받아들이는지 자각하고 인지적 변화를 통해 말과 말더듬에 관한 긍정적 인식을 갖게 하는 중재가 매우 중요하다. 임상 현장에서 많은 언어치료사가 학령기 말더듬 아동의 부정적 정서, 말더듬에 대한 태도 및 인지 등의 긍정적 변화가 필요하다는 것을 알지만 대상에 따라 부정적 정서를 느끼는 정도 및 심리적으로 대처하는 역치가 다르므로 내면적 측면을 다루는 데 매우 어려움이 있다.

이에 이 책에서는 학령기 말더듬 관련 문헌과 임상 현장의 요구를 토대로 유창성 증진 및 말에 대한 자신감 증진 프로그램의 방향을 설정하였다. 1장에서는 학령기 말더듬 아동과 청소년을 이해하도록 돕는 간단한 상담 기법을 제시하였다. 2장에서는 유창성 증진 기법을 소개하였다. 3장에서는 말에 대한 자신감 증진을 위하여 학령기 및 청소년의 인지 · 정서에 초점을 두었다. 세부 내용은 탐색하기, 감소하기, 증진하기로 나누어서 말과 말더듬, 말에 대한 효능감, 단어 및 상황 공포 탐색하기, 불안, 공포, 회피 행동 감소하기, 자기 모니터링, 합리적 사고, 긍정적 자아개념, 자기주도적 문제해결 증진하기 활동으로 구성하였다. 4장에서는 유창성 및 말에 대한 자신감을 유지하도록 자기 치료사 되기 및 재발에 관한 정보 제공을 다루었다. 5장에서는 각 기법을 직접 활용할 수 있는 콘텐츠를 제시하였다. 콘텐츠는 학령기 아동에게 친숙한 가족 및 친구, 학교, 스포츠를 주제로 선정하였고, 각 주제별로 일음절 단어와 다음절 단어 단계, 구 단계, 문장 단계, 설명하기 단계, 질문하기 단계, 역할극 단계, 독백 단계, 대화 단계, 전화 단계로 구성하였다. 이러한 단계는 언어학적 단위와 학령기 아동이 자주 접할 수 있는 말하기 상황을 고려하였으며, 각 단계에 대하여 다양한 활동 과업과 절차 및 자료를 제시하였다.

　임상 현장에서 언어치료사가 학령기 아동 및 청소년을 위한 유창성과 말에 대한 자신감 증진 프로그램의 치료 목표, 치료 기법 및 활동 콘텐츠 등을 통하여 그들을 더 잘 이해할 수 있기를 바란다. 학령기 말더듬 아동의 외현적 유창성 증진뿐만 아니라 말더듬에 대한 긍정적 정서 및 인지 행동과 말을 통한 의사결정력이 증진되기를 기대한다.

저자 일동

차례

1장

대상자 상담

① 들어가는 글

　상담의 과정은 내담자가 합리적인 의사결정을 내릴 수 있도록 돕는 것이다. 또한 상담은 현실적인 문제를 해결하고, 내담자가 잘 적응하도록 인도하며, 이러한 문제해결 과정을 통해 내담자가 스스로 판단할 수 있는 능력을 기를 수 있도록 돕는 과정이다.

　말을 더듬는 학령기 대상자는 단순한 불안을 넘어 수치심, 공포, 분노 등의 감정을 경험할 수 있다. 이들은 오랜 기간 동안 말을 더듬어 왔으며, 청자로부터 초조함, 거부, 놀림, 괴롭힘 등을 경험했을 가능성이 크다. 그러므로 중재에 앞서, 대상자가 치료사에게 마음을 열 수 있는 환경을 조성하는 것이 중요하다. 초기 인터뷰나 치료 과정 중, 많은 치료사는 말더듬과 관련된 정보를 제공하고 조언하는 수단으로 상담을 활용한다.

　언어재활사는 보다 효율적인 치료를 위해 대상자의 협력과 도움이 필요하다. 특히 이러한 과정에서 상담은 더욱 중요하고 필수적인 역할을 한다. 이 장에서는 말더듬 아동 및 청소년을 대상으로 하는 유창성 증진 및 인지·정서 프로그램에서 응용할 수 있는 공감하기, 경청하기, 생각 표현하기, 긍정적 반응하기, 명료화하기, 감정 수용하기, 동기 유발하기 활동 등을 소개하고자 한다.

2 상담기술

공감하기

◗ **활동 목적**

공감하기는 이야기의 내용보다는 느낌에 초점을 두어 막연하고 모호한 감정을 보다 분명하게 하는 데 목적이 있다.

◉ **활동 목표**

치료사가 대상자의 생각과 행동을 편견 없이 이해한다.

▲ **활동 방법 및 예시**

치료사: ○○이 요즘 기분이 어때요?

대상자: 친구와의 사이가 좋지 않아 너무 힘들어요.

치료사: 마음이 많이 힘들군요. (함께 한숨을 쉬어 줌)

대상자: 아무리 사과를 해도……. 친구가 제 이야기를 듣지 않아요. (목소리가 커지며 인상을 씀)

치료사: ○○이는 친구와의 관계가 나아지지 않아서 많이 화가 나는 거죠.

대상자: (학교에서의 문제 상황을 자세히 이야기하며 울거나 낙심함) 억울한 게 많지만, 선생님과 이야기하고 나니 좋아요. (개운한 얼굴을 짓는다.)

치료사: 친구와의 관계가 좋지 않아 힘들겠지만(슬픈 얼굴을 짓는다.) 선생님도 ○○이 표정이 좋아 보여요. (개운한 표정을 짓는다.)

경청하기

◑ **활동 목적**

경청하기는 대상자의 말과 말더듬에 대한 어려움을 들어 줌으로써 부정적인 태도를 긍정적
으로 변화시키는 데 목적이 있다.

◉ **활동 목표**

치료사는 대상자의 말과 말더듬에 대한 이야기를 적극적으로 들어 준다.

▲ **활동 방법**

● 치료사는 대상자에게 힘든 상황이 있는지 물어본다. 예를 들어, "요즘 학교나 집에서 말 때
   문에 어려운 점이 있나요?" 등이다.
● 치료사는 대상자의 말에 적극적으로, 예를 들어 "그랬구나.", "힘들었겠구나.", "잘 해내고
   있구나."와 같이 반응하며 대화를 이끌어 나간다.
● 만약에 대상자가 대화를 이어 나가는 것이 어려울 경우 기다리거나, 고개를 끄덕이거나,
   "그다음은 어떻게 됐어?"와 같이 말하면서 촉구한다.
● 하나의 주제가 마무리되면 이와 같은 방법으로 다른 주제로 대화를 이어 나간다.

생각 표현하기

◗ 활동 목적

생각 표현하기는 대상자가 가정이나 학교에서 말과 말더듬에 대한 생각과 감정을 편안하게 표현하게 하는 데 목적이 있다.

◉ 활동 목표

치료사는 대상자가 말과 말더듬에 대한 자신의 생각을 표현하게 한다.

▲ 활동 방법

- 대상자가 학교에서 의사소통하는 것에 대해 어떻게 느끼는지 이야기 나눈다.
  - 학교에서 말하기 쉬운 상황은 어떤 거예요?
  - 학교에서 말하기 어려운 상황은 어떤 거예요?
- 치료사는 대상자가 충분히 대답하지 않을 때 다음과 같은 질문을 한다.
  - 내가 학교에서 좋아하는 것은 무엇인가요?
  - 내가 학교에서 좋아하지 않는 것은 무엇인가요?
  - 교실에서 앞에 나가서 말할 때 기분이 어떤가요?
  - 책을 읽으라고 할 때 기분이 어떤가요?
  - 선생님이 교실에서 질문을 할 때 기분이 어떤가요?
  - 내가 말하는 것을 어려워할 때 친구들은 주로 어떻게 하나요?
  - 점심시간에 누구랑 어떤 이야기를 하나요?
  - 학교에서 친구랑 말하는 것은 어때요?
  - 학교생활에서 수업할 때 발표하는 것은 어때요?
  - 어떤 수업시간을 좋아하고, 그 이유는 무엇인가요?
  - 어떤 수업시간을 싫어하고, 그 이유는 무엇인가요?
  - 학교에서 어떤 내용으로 상담을 해 보았나요?
- 치료사는 이러한 질문을 바탕으로 대상자가 자신의 말과 말더듬에 관해 편안하게 이야기 할 수 있도록 유도한다.

긍정적 반응하기

◑ 활동 목적

긍정적 반응하기는 치료사가 대상자의 이야기에 긍정적으로 반응함으로써 닫힌 마음을 여는 데 목적이 있다.

◎ 활동 목표

치료사는 대상자의 이야기에 언어/비언어/준언어적 요소를 활용하여 긍정적으로 반응한다.

▲ 활동 방법

- 대상자의 말에 언어적 요소를 활용하여 긍정적으로 반응한다.
  - **예** "그래, 잘하고 있어.", "어려운 이야기인데 끝까지 잘해 줬구나."
- 대상자의 말에 준언어적 요소를 활용하여 긍정적으로 반응한다.
  - **예** 부드러운 어조, 온화한 음성
- 대상자의 말에 비언어적 요소를 활용하여 긍정적으로 반응한다.
  - **예** 미소, 고개 끄덕이기, '최고야'라는 손짓

명료화하기

◖ 활동 목적

명료화하기는 대상자가 말과 말더듬에 대해 표현한 내용뿐만 아니라 생각과 감정을 명료화하는 데 목적이 있다.

◉ 활동 목표

치료사는 대상자의 생각과 감정을 재진술한다.

▲ 활동 방법

- 치료사는 대상자와 말과 말더듬에 관하여 자연스럽게 대화를 이어 나간다.
- 치료사는 대상자의 장황한 말을 요약해서 말해 준다.
  - **예** "국어 선생님은 발표와 과제를 많이 낸다는 이야기군요."

    "아버지는 질문이 많다는 이야기군요."
- 치료사는 대상자의 말과 연관된 내면적 감정을 분명하게 말해 준다.
  - **예** "국어 시간에 발표하는 것이 부담스럽군요."

    "아버지가 질문할까 봐 불안하고 긴장이 되는군요."

감정 수용하기

◑ 활동 목적

감정 수용하기는 대상자가 자신의 말과 말더듬에 대한 긍정적 및 부정적 감정을 확인하고, 수용하도록 하는 데 목적이 있다.

◎ 활동 목표

치료사는 대상자가 자신의 말과 말더듬에 대한 감정을 확인하고 받아들이게 한다.

▲ 활동 방법

- 치료사는 대상자에게 양손을 그리게 한다.
- 대상자에게 왼손에 말과 말더듬에 대한 긍정적인 단어를 쓰게 한다.
  예 '참아요', '조용해요'
- 치료사는 대상자와 작성된 단어가 어떤 상황에서 긍정적으로 느껴지는지 이야기 나눈다.
- 대상자에게 오른손에 말과 말더듬에 대한 부정적인 단어를 쓰게 한다.
  예 '불편해요', '싫어요'
- 치료사는 대상자와 작성된 단어가 어떤 상황에서 부정적으로 느껴지는지 이야기 나눈다.
  예 "어떤 상황이 싫어요?"
- 부정적인 감정이 들 때 변화하고 싶은 것과 대처하는 방법에 대해서 이야기한다.
  예 "싫은 감정이 들었을 때 어떻게 했나요?", "불편한 감정이 어떻게 변화되기를 바라나요?"

◖ 관찰

- 과업을 완성하는 데 시간이 얼마나 걸리는지 관찰한다.
- 긍정적인 측면과 부정적인 측면을 작성하는 데 걸리는 시간에 차이가 있는지 확인한다.
- 긍정적인 측면이 얼마나 많은지, 부정적인 측면이 얼마나 많은지 관찰한다.
- 말더듬이 긍정적인 측면이나 부정적인 측면에 나타나는지 확인한다.

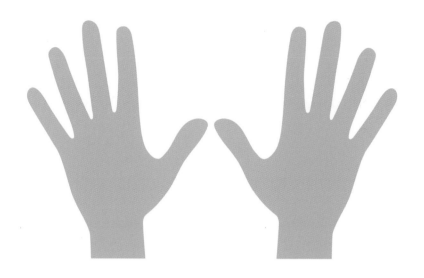

긍정적인 단어   부정적인 단어

변화하고 싶은 점

동기 유발하기

활동 목적

치료사가 대상자의 사례력, 말과 말더듬에 대한 경험, 전문적 지식을 활용하여 치료 동기를 유발하는 데 목적이 있다.

활동 목표

치료사는 개방형 질문을 통해 대상자의 요구를 파악하고 치료과정 및 방법에 대한 정보를 제공함으로써 치료 동기를 유발한다.

활동 방법

- 개방형 질문을 통해 대상자의 사례력에 대한 정보를 수집한다.
  - 예 "치료를 받은 경험이 있나요?"
    "이전 치료에서 좋았던 점이 있나요?"
- 치료사는 말더듬 치료과정에 대한 정보를 제공한다.
  - 예 "말더듬의 심한 정도를 평가할 거예요."
    "말이 힘든 상황에 대해 알아볼 거예요."
- 말더듬 치료 방법에 대한 정보를 제공한다.
  - 예 "부드럽게 말하는 방법을 사용할 거예요."
    "말을 더듬을 때 어떻게 해야 하는지 알려 줄 거예요."
- 치료사는 대상자와 정보를 주고받음으로써 치료에 대한 동기 유발을 한다.

2장

유창성 증진

① 들어가는 글

학령기 말더듬 아동과 청소년은 말더듬의 진행단계에서 초기 말더듬이나 중간급 말더듬에 해당할 수 있다. 말더듬이 불수의적으로 나타나고 이에 대한 반응으로 도피 행동이나 회피 행동이 나타날 수도 있다. 대상자의 말더듬을 감소시키고, 유창성을 증가시키기 위하여 말더듬 변형하기, 유창성 형성하기, 말더듬 순간 수정하기를 제시하였다.

말더듬 변형하기는 불수의적이고 경직된 말더듬을 수의적이고 이완된 형태로 변경하는 연습이다. 이러한 연습은 말과 말더듬을 스스로 조절하고, 두려움이나 공포를 감소시키는 데 도움이 될 것이다. 대상자의 주요 말더듬의 유형에 따라 활동을 선택할 수 있다.

유창성 형성하기는 느린 구어, 부드러운 발성, 가벼운 조음 접촉을 활용하여 말하는 연습이다. 이와 같은 방식으로 말할 때 구강기관과 신체가 이완되어 부드럽게 말하게 되고, 긴장을 동반한 말더듬이 감소된다. 이 세 가지의 기법을 연습함으로써 자연스럽게 유창한 구어를 산출하게 될 것이다.

말더듬 순간 수정하기는 말을 더듬는 순간에 취소, 빠져나오기, 예비 세트를 통해서 말더듬을 조절하여 말하는 연습이다. 치료실에서 활동의 순서는 취소-빠져나오기-예비 세트이지만, 실제 상황에서 사용할 때에는 예비 세트-빠져나오기-취소의 순으로 사용할 수 있다.

말더듬 변형하기, 유창성 형성하기, 말더듬 순간 수정하기의 방법을 모두 학습한다면 대상자는 말과 말더듬에 대한 통제력을 획득할 수 있다. 이 장에서 제시한 기법들을 연습하기 위하여 워크북에 제시된 주제와 언어 수준을 선택하여 활용할 수 있다.

◑ 2 말더듬 변형하기

> ### 가벼운 반복

◑ 활동 목적

긴장되고 불수의적인 반복 대신 의도적으로 신체를 이완하여 가볍게 반복하도록 하는 데 목적이 있다.

◉ 활동 목표

대상자는 치료사가 제시하는 언어 수준에서 가볍게 반복하기를 할 수 있다.

▲ 활동 방법

- 치료사가 긴장된 반복과 가벼운 반복의 차이를 설명한다.
- 워크북에서 연습할 주제(가정, 학교, 스포츠)와 언어 수준(단어, 구, 문장, 대화 등)을 선택한다.
- 치료사가 가벼운 반복을 모델링하고, 대상자가 모방한다.
- 긴장된 반복과 가벼운 반복이 어떻게 다른지를 대상자에게 말하게 한다.
- 선택한 언어 수준에서 가벼운 반복을 연습한다.
  - 주사위를 던져 나온 숫자만큼 가볍고 이완된 음절 반복 또는 음소 반복을 실시한다.
  - 반복을 실시한 후 가벼운 반복이었는지 점검한다.
- 의도적인 가벼운 반복이 어떤 느낌인지, 반복을 조절할 수 있는지 등에 대해 이야기한다.

▣ 활동 자료

- 오늘의 주제는 '가족 및 친구'이고, 언어 단위는 '단어'예요.
- 가볍게 반복하기는 몸에 힘을 빼고 첫음절을 부드럽게 반복하며 말하는 거예요.
- 주사위를 던져서 나온 숫자를 괄호에 쓰고, 숫자만큼 가벼운 반복을 하면서 단어를 말해 보세요.

주제: 가족 및 친구 언어 단위: 단어			
( ) 간식	( ) 자매	( ) 장난감	( ) 집안일
( ) 친구	( ) 가족	( ) 야구공	( ) 선풍기
( ) 엄마	( ) 침실	( ) 놀이터	( ) 청소기
( ) 아빠	( ) 사랑	( ) 냉장고	( ) 컴퓨터
( ) 형제	( ) 전화	( ) 세탁기	( ) 휴대폰

가벼운 연장

◐ **활동 목적**

긴장되고 불수의적인 연장 대신 의도적으로 신체를 이완하여 가볍게 연장하도록 하는 데 목적이 있다.

◎ **활동 목표**

대상자는 치료사가 제시하는 언어 수준에서 가볍게 연장하기를 할 수 있다.

▲ **활동 방법**

- 치료사가 긴장되고 불수의적인 연장과 가벼운 연장의 차이를 설명한다.
- 워크북에서 연습할 주제와 언어 수준(단어, 구, 문장, 대화 등)을 선택한다.
- 치료사가 가벼운 연장을 모델링하고, 대상자가 모방한다.
- 긴장된 연장과 이완된 연장이 어떻게 다른지를 대상자에게 말하게 한다.
- 선택한 언어 수준에서 가벼운 연장을 연습한다.
  - 주사위를 던져 나온 숫자의 시간(초)만큼 가벼운 연장을 실시한다.
  - 연장을 실시한 후 가벼운 연장이었는지 점검한다.
- 의도적인 가벼운 연장이 어떤 느낌인지, 연장을 스스로 조절할 수 있는지 등에 대해 이야기한다.

🖥 **활동 자료**

- 오늘의 주제는 '가족 및 친구'이고, 언어 단위는 '구'예요.
- 가볍게 연장하기는 몸에 힘을 빼고 첫음절을 부드럽게 연장하며 말하는 거예요.
- 주사위를 던져서 나온 숫자를 괄호에 쓰고, 숫자만큼 시간(초)을 연장하여 구를 말해 보세요.

주제: 가족 및 친구 언어 단위: 구	
(3초)___친구___ 차례	(초)_____ 청소
(초)_____ 엄마	(초)_____ 사촌
(초)_____ 동생	(초)_____ 아빠
(초)_____ 놀이	(초)_____ 머리
(초)_____ 친구	(초)_____ 식사

가벼운 막힘

◐ **활동 목적**

긴장되고 불수의적인 막힘 대신 의도적으로 신체를 이완하여 막힘을 조절하도록 하는 데 목적이 있다.

◎ **활동 목표**

대상자는 치료사가 제시하는 언어 수준에서 가벼운 막힘을 연습할 수 있다.

▲ **활동 방법**

- 치료사가 긴장된 막힘과 가벼운 막힘의 차이를 설명한다.
- 워크북에서 연습할 주제와 언어 수준(단어, 구, 문장, 대화 등)을 선택한다.
- 치료사가 가벼운 막힘을 모델링하고, 대상자가 모방한다.
- 선택한 주제와 언어 수준에서 가벼운 막힘을 연습한다.
  - 주사위를 던져 나온 숫자의 시간(초)만큼 가벼운 막힘을 실시한다.
  - 막힘을 실시한 후 가벼운 막힘이었는지 점검한다.
- 의도적인 가벼운 막힘이 어떤 느낌인지, 막힘을 스스로 조절할 수 있는지 등에 대해 이야기한다.

🗔 **활동 자료**

- 주제는 '가족 및 친구'이고, 언어 단위는 '문장'이에요.
- 가벼운 막힘은 몸에 힘을 빼고 멈췄다가 부드럽게 말하는 거예요.
- 주사위를 던져서 나온 숫자를 괄호에 쓰고, 그 시간(초) 동안 멈췄다가 부드럽게 문장을 말해 보세요.

주제: 가족 및 친구
언어 단위: 문장

(초) 이리 와!	(초) 내 차례예요.
(초) 그건 내 거야.	(초) 같이 놀래?
(초) 그만 해.	(초) 나중에 할게.
(초) 내가 엄마를 도왔어요.	(초) 뭐 하는 거야?
(초) 식사 준비됐나요?	(초) 내 잘못이 아니야.

③ 유창성 형성하기

느린 구어

◑ 활동 목적

느린 속도로 말하기를 함으로써 말더듬이 발생하지 않게 말을 조절하도록 하는 데 목적이 있다.

◉ 활동 목표

대상자는 치료사가 제시하는 언어 수준에서 느린 속도로 말하기를 할 수 있다.

▲ 활동 방법

● 치료사는 대상자에게 빠른 구어와 느린 구어의 시범을 보이고, 느린 구어에서 말더듬이 적게 발생함을 알려 준다.
● 워크북에서 연습할 주제와 언어 수준(단어, 구, 문장, 대화 등)을 선택한다.
● 치료사가 느린 구어를 모델링하고, 대상자는 모방한다.
● 느린 속도로 말할 때의 느낌과 말더듬이 발생했을 때의 느낌에 대해 이야기한다.
● 대상자가 느린 속도로 말하기를 잘하게 되면, 평상시 구어 속도와 번갈아 가며 연습한다.
 – 치료사가 신호를 하면 느린 속도로 말하고, 치료사가 다시 신호를 하면 평상시 속도로 말하게 한다.
 – 치료사의 신호에 따라 속도 바꾸기를 잘한다면, 대상자가 스스로 속도를 바꾸어 가며 말하게 한다.
● 속도를 스위칭할 때 신체의 긴장 정도와 말더듬 발생에 대해 이야기한다.

■ 활동 자료

● 오늘의 주제는 '학교'이고, 언어 단위는 '단어'예요.

● 평상시보다 느린 속도로 말해 보세요.

● 느린 속도와 평상시 속도를 번갈아 가며 말해 보세요.

주제: 학교 언어 단위: 단어	
결석	교장
종이	가위
가방	읽기
서점	빼기
음악	도서관
선생님	연필
칠판	도시락
크레용	정답
쓰기	숙제
사무실	휴게실

부드러운 발성

◑ 활동 목적

후두 내 성대를 부드럽게 발성함으로써 말더듬이 발생하지 않게 말을 조절하도록 하는 데 목적이 있다.

◎ 활동 목표

대상자는 치료사가 제시하는 언어 수준에서 부드러운 발성으로 말하기를 할 수 있다.

▲ 활동 방법

● 치료사는 대상자에게 긴장된 발성과 부드러운 발성의 모델링을 보이고, 부드러운 발성으로 말하기를 할 때 말더듬이 적게 발생함을 알려 준다.
● 워크북에서 연습할 주제와 언어 수준(단어, 구, 문장, 대화 등)을 선택한다.
● 치료사가 부드러운 발성을 모델링하고, 대상자는 모방한다.
● 대상자가 부드러운 발성을 잘 사용할 수 있게 되면, 평상시 말하기와 부드러운 발성으로 말하기를 번갈아 가면서 연습한다.
  – 치료사가 신호를 하면 부드러운 발성으로 말하고, 치료사가 다시 신호를 하면 평상시처럼 말하게 한다.
  – 치료사의 신호에 따라 말하기 방식을 잘 바꾼다면 대상자가 스스로 말하기 방식을 바꾸어 가며 말하게 한다.
● 부드러운 발성하기를 스위칭할 때 신체의 긴장 정도와 말더듬 발생에 대해 이야기한다.

▣ 활동 자료

● 주제는 '학교'이고, 언어 단위는 '구'예요.
● 빈칸에 말을 넣어서 구로 표현해 보세요.
● 먼저, 부드러운 발성으로 구를 말해 보세요.
● 이번에는 앞 단어는 부드러운 발성으로, 나머지 단어는 평상시처럼 말해 보세요.

주제: 학교 언어 단위: 구	
__두꺼운__ 책	_____ 연필
_____ 책상	_____ 폴더
_____ 숙제	_____ 종이
_____ 크레용	_____ 선생님
_____ 시험	_____ 학교

가벼운 조음 접촉

◐ **활동 목적**

조음 기관을 부드럽게 움직임으로써 긴장과 말더듬이 발생하지 않게 말을 조절하도록 하는 데 목적이 있다.

◉ **활동 목표**

대상자는 치료사가 제시하는 언어 수준에서 조음 기관을 이완하여 가볍게 움직이며 말할 수 있다.

▲ **활동 방법**

- 치료사는 대상자에게 긴장된 조음 접촉과 가벼운 조음 접촉을 모델링하고, 가벼운 조음 접촉으로 말할 때 말더듬이 적게 발생함을 설명한다.
- 워크북에서 연습할 주제와 언어 수준(단어, 구, 문장, 대화 등)을 선택한다.
- 치료사는 제시된 언어 수준에서 조음 기관을 가볍게 접촉하여 말하는 것을 모델링하고, 대상자는 모방한다.
- 대상자가 가벼운 조음 접촉을 잘 사용할 수 있게 되면, 평상시 말하기와 가볍게 접촉하며 말하기를 번갈아 가면서 연습한다.
  - 치료사가 신호를 하면 가볍게 조음 접촉하며 말하고, 치료사가 다시 신호를 하면 평상시처럼 말하게 한다.
  - 치료사의 신호에 따라 말하기 방식을 잘 바꾼다면 대상자가 스스로 말하기 방식을 바꾸어 가며 말하게 한다.
- 말하기 방식을 스위칭할 때 신체의 긴장 정도와 말더듬 발생에 대해 이야기한다.

📠 활동 자료

● 주제는 '학교'이고, 언어 단위는 '문장'이에요.

● 가벼운 조음 접촉으로 말해 보세요.

● 첫 번째 단어를 가벼운 조음 접촉으로, 나머지 단어들은 평상시처럼 말해 보세요.

주제: 학교 언어 단위: 문장	
저 여기 있어요.	친구가 나를 좋아해요.
민수는 결석이에요.	기분이 좋아요.
이름이 뭐지요?	질문이 있어요.
도움이 필요해요.	너무 쉬웠어요.
내 차례야.	이것을 할 수 있어요.

4 말더듬 순간 수정하기

취소

◑ **활동 목적**

말을 더듬을 때 더듬은 단어가 끝나면 멈추고 다시 부드럽게 말하는 방식으로 말더듬을 조절하도록 하는 데 목적이 있다.

◎ **활동 목표**

대상자는 치료사가 제시하는 언어 수준에서 취소 기법을 사용할 수 있다.

▲ **활동 방법**

- 치료사는 말을 더듬고 나서, 더듬었던 말을 다시 부드럽고 이완된 형태로 말하는 취소 기법을 설명한다[야야야야구 (부드럽게) 야~구].
- 워크북에서 연습할 주제와 언어 수준(단어, 구, 문장, 대화 등)을 선택한다.
- 치료사가 취소 기법을 모델링하고, 대상자는 모방한다.
- 제시된 언어 수준에서 말더듬이 나타나면 대상자는 취소 기법을 사용한다(말을 더듬지 않으면, 의도적 말더듬을 이용하여 취소 기법을 연습한다).
- 대상자가 취소 기법을 잘 사용할 수 있게 되면, 취소할 단어를 미리 정하고, 해당 단어를 의도적으로 더듬고 취소하는 연습을 한다.
- 치료실에서 치료사와 대화할 때 말더듬이 나타나면 취소 기법을 사용하게 한다.

■□ 활동 자료

● 오늘의 주제는 '스포츠'이고, 언어 단위는 '단어'예요.

● 의도적으로 말을 더듬고 난 후, 취소 기법을 이용해서 말해 보세요.

주제: 스포츠 언어 단위: 단어			
야구	스키	홈런	훈련
축구	씨름	승리	수비
농구	선수	실책	공격
수영	타자	안타	골대
양궁	포수	득점	파울

빠져나오기

활동 목적

말을 더듬는 순간 바로 멈추고 나머지 부분을 부드럽게 말하는 방식으로 말더듬을 조절하도록 하는 데 목적이 있다.

활동 목표

대상자는 치료사가 제시하는 언어 수준에서 빠져나오기 기법을 사용할 수 있다.

활동 방법

- 치료사는 말을 더듬는 순간 바로 멈추고 나머지 부분을 부드럽고 이완된 형태로 말하는 빠져나오기 기법을 설명한다[야야야 (부드럽게) ~구].
- 워크북에서 연습할 주제와 언어 수준(단어, 구, 문장, 대화 등)을 선택한다.
- 치료사는 빠져나오기 기법을 모델링하고, 대상자는 모방한다.
- 제시된 언어 수준에서 말더듬이 나타나면 대상자는 빠져나오기 기법을 사용한다(말을 더듬지 않으면, 의도적 말더듬을 이용하여 빠져나오기 기법을 연습한다).
- 대상자가 빠져나오기 기법을 잘 사용할 수 있게 되면, 의도적으로 더듬을 단어를 정하고 빠져나오기 연습을 한다.
- 치료실에서 치료사와 대화할 때 말더듬이 나타나면 빠져나오기 기법을 사용하게 한다.

활동 자료

- 오늘의 주제는 '스포츠'이고, 언어 단위는 '구'예요.
- 빈칸에 말을 넣어서 구로 표현해 보세요.
- 구에서 첫 번째 단어를 의도적으로 더듬고, 빠져나오기 기법을 이용해서 말해 보세요.

주제: 스포츠 언어 단위: 구	
_____3반_____ 우승	_____ 유니폼
_____ 게임	_____ 경기장
_____ 점수	_____ 베이스
_____ 선수	_____ 골대
_____ 공	_____ 아웃

예비 세트

◑ **활동 목적**

말을 더듬기 전에 멈추고 부드럽게 말하는 방식으로 말더듬을 조절하도록 하는 데 목적이 있다.

◎ **활동 목표**

대상자는 치료사가 제시하는 언어 수준에서 예비 세트를 사용할 수 있다.

▲ **활동 방법**

- 치료사는 말을 더듬기 전에 멈추고, 부드럽고 이완된 형태로 말하는 예비 세트를 설명한다 [(부드럽게) 야구].
- 워크북에서 연습할 주제와 언어 수준(단어, 구, 문장, 대화 등)을 선택한다.
- 치료사는 예비 세트를 모델링하고, 대상자는 모방한다.
- 제시된 언어 수준에서 의도적으로 예비 세트를 연습한다.
- 치료실에서 치료사와 대화할 때 말더듬이 예측되면 예비 세트를 사용하게 한다.

▣ **활동 자료**

- 오늘의 주제는 '스포츠'이고, 언어 단위는 '문장'이에요.
- 첫 단어를 말할 때, 예비 세트 기법을 사용해서 말해 보세요.
- 문장 중 원하는 단어에서 예비 세트 기법을 사용해서 말해 보세요.

주제: 스포츠	
언어 단위: 문장	
우리가 이겼다.	공은 어디에 있습니까?
경기를 하고 있어요.	내 차례야.
너무 신났어요.	게임은 몇 시에 시작하나요?
타임 아웃!	점수는 몇 점이에요?
그건 불공평해.	나는 4시에 연습해요.

3장

인지 · 정서 중재

① 들어가는 글

학령기 말더듬 아동과 청소년은 초기 및 중간급 말더듬으로 진행되면서 말더듬에 대하여 부정적으로 인식하게 되어 말에 대한 자신감이 저하된다. 대상자의 말에 대한 자신감을 증진하기 위하여 말과 말더듬에 대해 탐색하기, 부정적 인지 · 정서 감소하기, 긍정적 인지 · 정서 증진하기를 제시하였다. 이것은 말과 말더듬에 대하여 대상자 자신이 어떻게 생각하거나 느끼는지에 대해서 알아보고 깨닫는 과정이다. 치료사는 대상자의 부정적인 정서나 인지의 정도를 확인함으로써 치료의 시작과 방향을 설정할 수 있다. 탐색하기 이후의 단계는 부정적인 정서가 있다면 이를 감소하는 활동들을 먼저 진행하고, 부정적인 정서가 많이 나타나지 않거나, 부정적인 정서가 감소되었다면 긍정적 사고 증진을 위한 활동을 진행할 수 있다.

말과 말더듬에 대한 탐색하기는 인지 · 정서를 다루는 첫 단계이다. 이것은 말과 말더듬에 대하여 대상자 자신이 어떻게 생각하거나 느끼는지에 대해서 알아보고 깨닫는 과정이다. 탐색하기 단계에서는 초기 면담 및 인터뷰, 의미를 알아보는 활동, 말에 대한 효능감, 단어 공포, 상황 공포 등을 통해 자신의 부정적 인지와 정서에 대해 알아보는 활동들로 구성하였다.

부정적 인지 · 정서 감소하기는 대상자의 부정적인 인지 · 정서를 감소시키기 위한 단계이다. 먼저, 부정적 정서와 관련된 용어의 의미를 알아보는 활동을 실시하고, 부정적인 정서에 해당하는 불안, 단어 공포, 상황 공포 등을 감소하기 위한 활동들로 구성하였다.

긍정적 인지 · 정서 증진하기는 대상자의 긍정적 인지 · 정서를 형성하기 위한 단계로 긍정적 사고와 관련된 용어의 의미를 알아보는 활동, 대처 능력, 자기 모니터링, 긍정적 사고, 긍정적 자아개념, 자기주도적 문제해결 등을 증진하는 다양한 활동으로 구성하였다.

② 탐색하기

초기 면담 및 인터뷰

◑ 활동 목적

치료를 시작하기 전 치료 경험이 있는 대상자에게 개방형 또는 문장 완성형 질문을 사용하여 치료에 대한 대상자의 생각과 태도를 확인하는 데 목적이 있다.

◎ 활동 목표

대상자의 치료 경험에 대한 생각과 태도를 확인할 수 있다.

▲ 활동 방법

- 말더듬 치료 경험에 대한 질문을 하면서 대상자의 생각을 알아본다.
- 이야기한 내용을 간략히 요약하여 기록한다.
- 추가적인 질문을 하거나 부연 설명을 요구할 수 있다.
- 대상자가 말한 내용을 바탕으로 대상자의 치료에 대한 생각과 태도를 확인한다.

▣ 활동 자료

1. 여기에 무엇 때문에 왔나요?

2. 이전에 치료받은 경험이 있나요?

3. 이전에는 어떤 치료를 받았나요?

4. 이전 치료에서 좋았던 점은 무엇인가요?

5. 이전 치료에서 좋지 않았던 점은 무엇인가요?

6. 이전 치료에 부모님이 참여했었나요? 만약 참여했다면 어떻게 참여했나요?

7. 부모님과 말에 대해 이야기하는 것이 편한가요? 불편한가요? 왜 그런가요?

8. 말더듬이 친구들과의 관계에 영향을 미쳤나요?

9. 학교생활에서 말더듬 때문에 어려운 점이 있나요?

10. 말을 더듬을 때 어떤 생각이 드나요?

11. 말더듬에 대해 더 묻고 싶은 것이 있나요?

12. 질문한 것 외에 더 말하고 싶은 것이 있나요?

도입 (1)

◑ **활동 목적**

대상자가 '주의집중'의 의미를 말과 말더듬과 연관지어 이해하도록 하는 데 목적이 있다.

◉ **활동 목표**

대상자는 말더듬 치료와 관련된 '주의집중'에 대해 이해할 수 있다.

▲ **활동 방법**

- 활동지에 주제 단어인 '주의집중'을 써서 제시한다.
- '주의집중'의 의미를 묻는다.
- 일상생활에서 '주의집중'한 경험을 질문한다.
- 주의집중을 해야 하는 이유를 질문한다.
- 말하기 상황에서는 무엇에 주의집중을 해야 하는지 질문한다.
- 이 과정에서 대상자가 스스로 답을 찾을 수 있도록 치료사는 충분한 시간을 주고, 답을 찾지 못할 때는 단서를 제공하는 등의 도움을 주어 대상자가 스스로 답을 찾아가도록 한다.
- 대상자가 답을 장황하게 쓸 경우에는 핵심 내용만 간단히 쓸 수 있도록 돕거나, 대상자의 글을 묶어서 핵심 내용을 요약해 준다.

↻ **활동 예시**

1) '주의집중'은 무슨 뜻인가요?
   예 그것이 무엇인지 아는 것, 어떤 것에 초점을 맞추는 것

2) 평소에 어떤 것에 집중하나요?
   예 새롭게 생각하고 있는 어떤 것, 학교, 운동

3) 왜 그것을 하는 동안 집중해야 할까요?
   예 집중하지 않으면 공을 받았을 때, 어떻게 해야 할지 알 수 없어요. 다칠 수도 있어요.

4) 말할 때는 무엇에 집중해야 할까요?
   예 말하는 내용, 말하는 방법, 말할 때 느낌

도입 (2)

◑ **활동 목적**

대상자가 '긴장과 주의집중'의 관계를 이해하도록 하는 데 목적이 있다.

◉ **활동 목표**

대상자는 말더듬 치료와 관련된 '긴장과 주의집중'의 관계에 대해 이해할 수 있다.

▲ **활동 방법**

- 일상생활 중 자주 접하는 말더듬 상황을 이야기한다.
- 활동지에 긴장한 상황을 작성하고, 긴장, 주의집중, 말 산출 조절, 말더듬 정도를 화살표로 표시하게 한다.
- 긴장이 증가할 때, 주의집중이 감소하고, 말 산출을 조절하는 능력이 감소하며 말더듬이 증가할 수 있음을 확인한다.
- 편안한 상황에 대해서도 같은 방법으로 실시한다.
- 앞의 활동을 바탕으로 긴장과 주의집중의 관계에 대하여 확인한다.

▣ **활동 자료**

다음 활동 자료에 일상생활에서 말더듬이 나타나는 상황을 기록하고 화살표로 체크해 보세요.

예 긴장한 상황: **학급에서 발표하기**

긴장	주의집중	기법 사용 정도	말더듬 정도
↑	↓	↓	↑

📗 긴장한 상황:

긴장	주의집중	기법 사용 정도	말더듬 정도

📗 긴장한 상황:

긴장	주의집중	기법 사용 정도	말더듬 정도

말하기 (1)

◑ **활동 목적**

대상자가 자신의 말과 말더듬에 대하여 어떤 태도와 인식을 갖고 있는지 확인하도록 하는 데 목적이 있다.

◉ **활동 목표**

대상자는 자신의 말과 말더듬에 대한 태도를 확인할 수 있다.

▲ **활동 방법**

- 대상자에게 말과 말더듬에 대한 태도와 관련된 문항을 읽게 하고, 해당하는 정도에 체크하게 한다.
- 대상자에게 '전혀 그렇지 않다'는 1점, '매우 그렇다'는 7점으로 체크하게 한다.
- 대상자의 응답이 불분명하거나 추가적 정보가 필요하다면 인터뷰를 통해 지속적으로 질문한다.

▣ **활동 자료**

다음 문항을 읽고, 자신에게 해당되는 정도에 체크하세요.

문항	전혀 그렇지 않다					매우 그렇다	
1. 나는 다른 친구들처럼 말을 잘할 수 있으면 좋겠다.	1	2	3	4	5	6	7
2. 말하는 것을 어려워하는 사람들도 있다.	1	2	3	4	5	6	7
3. 나는 부모님과 나의 말에 대해 터놓고 이야기한다.	1	2	3	4	5	6	7
4. 나는 말을 잘하는 사람이다.	1	2	3	4	5	6	7
5. 나는 말하는 것을 좋아한다.	1	2	3	4	5	6	7
6. 때때로 나는 말을 더듬지 않으려고 무언가를 한다(말을 하지 않거나, 단어나 생각을 바꾼다).	1	2	3	4	5	6	7
7. 나는 말하기 어려운 단어가 있다.	1	2	3	4	5	6	7
8. 때때로 말하는 데 어려움이 있지만 괜찮다.	1	2	3	4	5	6	7
9. 나는 내 말에 대해 화가 난다.	1	2	3	4	5	6	7
10. 나는 말을 잘하기를 원한다.	1	2	3	4	5	6	7

말하기 (2)

◑ 활동 목적

대상자가 다양한 도식을 통해서 말 산출 과정을 이해하도록 하는 데 목적이 있다.

◎ 활동 목표

대상자는 구어 산출 과정을 설명할 수 있다.

▲ 활동 방법

- 치료사는 대상자에게 호흡, 발성, 조음 기관이 포함된 신체 기관이 그려진 활동지를 제시한다.
- 호흡, 발성, 조음 기관에 대하여 설명을 한다.
  - '호흡'은 폐에서 공기가 나오는 것이에요.
  - '발성'은 후두에 있는 성대가 진동해서 소리가 만들어지는 것이에요.
  - '조음'은 혀, 입술, 턱 등을 움직여서 발음을 하는 것이에요.
- 대상자에게 활동지를 제시하고, 호흡, 발성, 조음 기관에 색칠을 하거나 스티커를 붙이게 한다.
- 구어 산출 과정에 대해서 이야기한다.
- 대상자의 말하는 방법(울퉁불퉁-부드러움, 강하게-약하게 등)에 대해서 이야기한다.

활동 자료

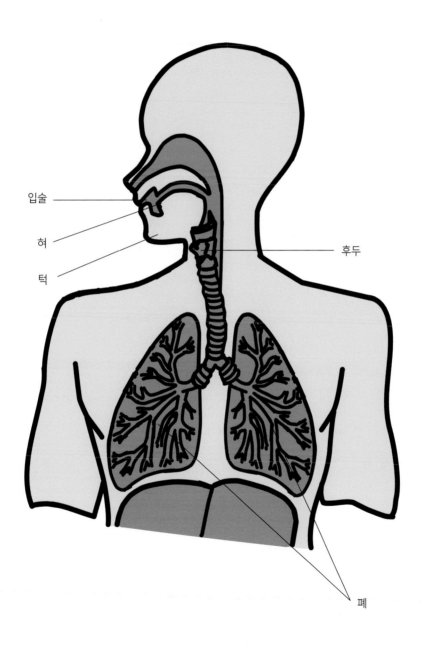

입술

혀

턱

후두

폐

말하기 (3)

◑ 활동 목적

대상자가 말에 대해서 어떠한 감정을 느끼고 있는지 알게 하는 데 목적이 있다.

◉ 활동 목표

대상자는 의사소통과 관련된 자신의 감정을 그림으로 표현할 수 있다.

▲ 활동 방법

- 대상자가 말이 쉬웠을 때 자신의 모습을 그리게 한다.
- 말이 어려웠을 때 자신의 모습을 그리게 한다.
- 대상자가 그리기 활동을 꺼린다면 치료사가 자신의 모습을 그리는 것을 보여 준다.
- 두 그림에 포함된 특정 요소나 얼굴 표정에 대해서 질문함으로써 대상자의 감정을 파악한다.

▣ 활동 자료

- 말이 쉬웠을 때와 어려웠을 때의 얼굴을 그려 보세요.

말이 쉬웠을 때 나의 얼굴	말이 어려웠을 때 나의 얼굴

◎ TIP

대상자가 각 그림을 완성하는 데 걸리는 시간도 대상자의 정서를 파악하는 데 도움이 된다. 대상자는 치료사에게 말을 더듬는 것에 대해 걱정하지 않는다고 말하더라도 이 활동을 통해 대상자가 말더듬에 대해서 다소 부정적인 감정이 있다는 것을 알 수 있다.

말더듬 (1)

◑ 활동 목적

말하기와 말더듬에 대한 질문하기와 대답하기를 통해서 대상자가 자신의 말더듬을 이해하도록 돕는 데 목적이 있다.

◉ 활동 목표

대상자는 말하기나 말더듬과 관련된 질문과 답변을 작성하고, 작성한 질문-답변을 토대로 치료사와 대화할 수 있다.

▲ 활동 방법

- 대상자는 매 세션이 시작하는 시기에, 매주 혹은 매일을 기준으로 말하기 노트에 말더듬과 관련된 질문을 작성한다.
- 대상자는 치료사에게 노트에 있는 질문을 한다.
- 치료사는 대상자의 질문에 답한다.
- 치료사는 대상자가 스스로 답을 찾게 할 수 있다.

▣ 활동 자료

말하기 노트	
	날짜: _____년 _____월 _____일
질문	말하기는 왜 어려워요?
답변	
질문	선생님은 언제 말하기가 가장 힘들어요?
답변	
질문	선생님은 말을 잘하고 싶을 때 어떻게 해요?
답변	
질문	
답변	
질문	
답변	

말더듬 (2)

◑ **활동 목적**

대상자가 말더듬에 대해 어떻게 생각하고 느끼는지 그림을 그리게 함으로써 자신의 감정을
파악하게 하는 데 목적이 있다.

◉ **활동 목표**

대상자는 말더듬에 대한 생각을 그림으로 표현할 수 있다.

▲ **활동 방법**

- 말더듬에 대하여 어떻게 생각하는지를 편안하고 자유롭게 그리게 한다.
- 대상자가 그리는 것을 어려워한다면, 예를 들어 그림을 그릴 수 있도록 유도한다(예: 말더
  듬을 경험했을 때의 감정을 그려 보세요. 말더듬 하면 연상되는 것을 그려 보세요).
- 그림 과업이 끝나면 그림에 대하여 설명하거나 쓰게 한다.
- 대상자의 그림에 대하여 질문함으로써 대상자의 말더듬에 대한 생각을 파악한다.

🗔 **활동 자료**

- 말더듬에 대해서 어떻게 생각하는지 그려 보세요.
- 그림이 무엇을 의미하는지 말하거나 써 보세요.

말더듬에 대한 생각 그리기	설명하기
	설명의 예 말더듬은 친구가 되기도 하고, 적이 되기도 해요. 가끔 두려울 때도 있지만 열심히 한다면 말더듬은 더 이상 무서운 것이 아닌 것 같아요. 말더듬은 친구가 될 수도 있어요. 친구가 되었다고 느끼면 쉽게 말할 수 있어요. (그림을 통해 대상자가 말더듬에 점점 접근하고 있음을 파악할 수 있다.)

말더듬에 대한 생각 그리기	설명하기

말더듬에 대한 생각 그리기	설명하기

TIP 대상자의 그림을 분석함으로써 부정적 정서를 줄일 수 있는 둔감 활동을 실시할 수 있다.

말에 대한 효능감 (1)

◑ **활동 목적**

대상자가 여러 가지 일상적인 말하기 상황에 접근할 수 있다고 생각하는 정도를 파악하는 데 목적이 있다.

◉ **활동 목표**

여러 가지 말하기 상황에 대한 접근 효능감의 정도를 파악할 수 있다.

▲ **활동 방법**

● 말하기 상황에서 말할 자신감(접근 효능감)을 1~10점으로 기록하게 한다.
● 대상자가 접근 효능감이 높은 상황에 대한 경험과 생각을 이야기하도록 한다.
● 접근 효능감이 낮게 나타난 상황에 대하여 이야기한다.

▣ **활동 자료**

다음의 말하기 상황에서 내가 말할 자신감(접근 효능감)의 정도를 1~10점으로 기록해 주세요.

상황	접근 효능감
1. 식사하는 동안 가족 중 한 명과 말하기	
2. 가족과 전화 통화하기	
3. 좋아하는 TV 프로그램에 대해서 가족들과 이야기하기	
4. 부모님께 친구가 우리 집에서 잘 수 있도록 허락 구하기	
5. 부모님께 부당함을 주장하기	
6. 부모님께 친구와의 약속에 대해 허락 구하기	
7. 할아버지나 할머니께 전화로 통화하기	
8. 부모님께 용돈을 올려 달라고 이야기하기	
9. 부모님께 성적에 대해서 이야기하기	

10. 학교에서 친구들과 이야기하기

11. 수업 시간에 친구들 앞에서 발표하기

12. 수업 시간에 질문에 답하기

13. 선생님께 결석이나 조퇴 이유를 말하기

14. 수업 시간에 질문하기

15. 학교에서 5~10분 동안 발표하기

16. 선생님께 과제에 대해 다시 질문하기

17. 몇 명의 친구에게 새로운 정보에 대해 설명하기

18. 친구에게 불만을 말하거나 따지기

19. 친구와 게임방에서 게임 아이템에 대해 이야기하기

– 접근 효능감이 높게 나타난 말하기 상황은? 그 이유는?

_____

_____

_____

_____

_____

_____

– 접근 효능감이 낮게 나타난 말하기 상황은? 그 이유는?

_____

_____

_____

_____

_____

_____

말에 대한 효능감 (2)

◑ **활동 목적**

대상자가 여러 가지 일상적인 말하기 상황에서 자신 있게 말할 수 있다고 생각하는 정도를 파악하는 데 목적이 있다.

◉ **활동 목표**

여러 가지 말하기 상황에 대한 유창성 효능감의 정도를 파악할 수 있다.

▲ **활동 방법**

- 말하기 상황에서 유창하게 말할 자신감(유창성 효능감)을 1~10점으로 기록하게 한다.
- 대상자가 유창성 효능감이 높은 상황에 대한 경험과 생각을 이야기하도록 한다.
- 유창성 효능감이 낮게 나타난 상황에 대해 이야기한다.

▣ **활동 자료**

다음의 말하기 상황에서 내가 유창하게 말할 자신감(유창성 효능감)의 정도를 1~10점으로 기록해 주세요.

상황	유창성 효능감
1. 식사하는 동안 가족 중 한 명과 말하기	
2. 가족과 전화 통화하기	
3. 좋아하는 TV 프로그램에 대해서 가족들과 이야기하기	
4. 부모님께 친구가 우리 집에서 잘 수 있도록 허락 구하기	
5. 부모님께 부당함을 주장하기	
6. 부모님께 친구와의 약속에 대해 허락 구하기	
7. 할아버지나 할머니께 전화로 통화하기	
8. 부모님께 용돈을 올려 달라고 이야기하기	

9. 부모님께 성적에 대해서 이야기하기	
10. 학교에서 친구들과 이야기하기	
11. 수업 시간에 친구들 앞에서 발표하기	
12. 수업 시간에 질문에 답하기	
13. 선생님께 결석이나 조퇴 이유를 말하기	
14. 수업 시간에 질문하기	
15. 학교에서 5~10분 동안 발표하기	
16. 선생님께 과제에 대해 다시 질문하기	
17. 몇 명의 친구에게 새로운 정보에 대해 설명하기	
18. 친구에게 불만을 말하거나 따지기	
19. 친구와 게임방에서 게임 아이템에 대해 이야기하기	

– 유창성 효능감이 높게 나타난 말하기 상황은? 그 이유는?

_____

_____

_____

_____

_____

– 유창성 효능감이 낮게 나타난 말하기 상황은? 그 이유는?

_____

_____

_____

_____

_____

_____

단어 공포 (1)

◑ **활동 목적**

대상자가 특정 단어에 대한 두려움이 있는지를 탐색하는 데 목적이 있다.

◉ **활동 목표**

대상자는 자신이 어려워하고 두려워하는 단어를 확인할 수 있다.

▲ **활동 방법**

- 대상자가 일상생활에서 두려워하는 단어를 목록화하도록 한다.
- 의사소통 상황에서 두려운 단어를 사다리 위쪽부터 기록하게 한다.
- 치료사는 사다리의 아래쪽 단어부터 그 단어와 관련된 경험을 말하게 한다.
- 두려워하는 단어에 대해 이야기함으로써 두려움에 직면하게 한다.

▣ **활동 자료**

다음 걱정 사다리에 쉬운 단어를 아래쪽에, 어려운 단어를 위쪽에 기록해 주세요.

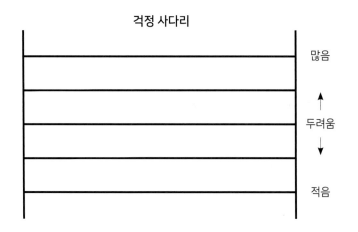

걱정 사다리

단어 공포 (2)

◑ **활동 목적**

대상자가 특정 단어에 대한 두려움을 좀 더 편안하도록 둔감화하는 데 목적이 있다.

◎ **활동 목표**

대상자는 자신이 어려워하고 두려워하는 단어에 대한 접근 행동을 증진할 수 있다.

▲ **활동 방법**

- 대상자는 일상생활에서 두려운 단어를 활동판에 기록하도록 한다.
- 치료사는 주사위를 던져서 나온 숫자만큼 말하게 함으로써 두려운 단어를 직면하는 경험을 갖게 한다.
- 두려운 단어를 탐색하고, 말하게 함으로써 말에 대한 자신감을 증진한다.

▣ **활동 자료**

두려운 단어들을 활동지의 빈칸에 기록하게 한다. 주사위를 던져서 나온 숫자만큼 말을 옮기고, 해당 칸의 단어를 말하게 한다.

출발	➡		➡		⬇
⬎		⬅		⬅	
	➡		➡		⬇
⬎		⬅		⬅	
	➡		➡		도착

상황 공포 (1)

◐ **활동 목적**

대상자가 특정 상황에 대한 두려움이 있는지 탐색하는 데 목적이 있다.

◉ **활동 목표**

대상자는 자신이 어려워하고 두려워하는 상황을 확인할 수 있다.

▲ **활동 방법**

- 대상자는 일상생활에서 두려워하는 상황을 목록화하도록 한다.
- 의사소통 상황에서 두려운 상황을 걱정 사다리 위쪽부터 기록하게 한다.
- 치료사는 사다리 아래쪽 상황부터 그 상황과 관련된 경험을 말하게 한다.
- 두려워하는 상황에 대해 이야기함으로써 두려움에 직면하게 한다.

🗗 **활동 자료**

다음 걱정 사다리에 두려운 상황을 위쪽부터 기록해 주세요.

걱정 사다리

상황 공포 (2)

◖ 활동 목적

대상자에게 말하기 쉬운 상황을 그림으로 그리고 말하게 함으로써 말에 대한 자신감을 증진하는 데 목적이 있다.

◎ 활동 목표

대상자는 말하기 편한 상황을 이야기함으로써 두려움이 적은 상황을 인식할 수 있다.

▲ 활동 방법

- 대상자가 말하기 가장 편한 상황이 무엇인지 확인한다.
- 대상자가 말한 상황을 그림으로 그리게 한다.
- 그림에 대하여 말하거나 쓰게 한다.
- 왜 그 상황이 편하다고 생각하는지에 대하여 이야기함으로써 유창성 증진 요인을 파악한다.

⬚ 활동 자료

- 말하기 가장 편안한 상황이 뭐예요? 예 집에서 밥 먹을 때요.
- 그 상황을 그림으로 그려 보세요.
- 누구와 언제 어디서 어떤 대화를 나누는 상황인지 작성해 보세요.

그림 그리기	설명하기
	예 대상: 가족들과 장소: 집에서 언제: 저녁에 대화 내용: 학교에서 있었던 일

그림 그리기	설명하기

그림 그리기	설명하기

상황 공포 (3)

◐ 활동 목적

대상자에게 말하기 두려운 상황을 그림으로 그리고 말하게 함으로써 말에 대한 자신감을 증진하는 데 목적이 있다.

◉ 활동 목표

대상자는 말하기 두려운 상황을 이야기함으로써 그 상황에 대한 두려움을 인식할 수 있다.

▲ 활동 방법

- 대상자가 말하기 가장 두려운 상황이 무엇인지 확인한다.
- 대상자가 말한 상황을 그림으로 그리게 한다.
- 그림에 대하여 말하거나 쓰게 한다.
- 왜 그 상황이 두렵다고 생각하는지 이야기함으로써 유창성 방해 요인을 파악한다.

🖥 활동 자료

- 말하기 가장 두려운 상황이 뭐예요? 예 학교에서 질문할 때요.
- 그 상황을 그림으로 그려 보세요.
- 누구와 언제 어디서 어떤 대화를 나누는 상황인지 작성해 보세요.

그림 그리기	설명하기
	예 대상: 선생님께 장소: 학교에서 언제: 수업 시간에 대화 내용: 수업에 대한 질문

그림 그리기	설명하기

그림 그리기	설명하기

③ 감소하기

도입 (1)

◑ 활동 목적

대상자가 말더듬과 관련된 부정적 정서를 이해하게 하는 데 목적이 있다.

◉ 활동 목표

대상자는 부정적 정서 중 '당황'과 말더듬을 연관지어 이해할 수 있다.

▲ 활동 방법

- 활동지 주제 칸에 '당황'을 쓴다.
- 치료사는 주제 칸에서 선을 긋고, 질문을 작성한다.
- 대상자가 그 질문에 선을 긋고, 대답을 작성한다.
- 대상자가 이해할 수 있는 일상적인 상황에서 경험한 '당황'에 대하여 질문을 한다.
- 점차 말더듬과 '당황'을 연관지어 질문한다.
- '당황'의 의미, 당황하는 상황, 당황하는 이유, 당황했을 때 대처 방법의 순으로 질문한다.

↻ 활동 예시

주제: '당황'

1) '당황하다'는 무슨 의미일까요?

　예 놀라서 어떻게 할지 모르는 느낌 같아요.

2) 일상 상황에서 당황한 경험이 있나요?

　예 과제를 제출하려고 가방을 열었는데 다한 과제가 없었을 때요.

3) 말 때문에 당황한 적이 있나요?

    예 친구랑 이야기하는데 갑자기 말더듬이 나타날 때요.

4) 갑자기 말더듬이 나타날 때 왜 당황했나요?

    예 친구들이 이상하게 생각할까 봐요.

    친구들이 놀릴까 봐요.

5) 당황할 때 어떻게 하나요?

    예 말을 멈춰요. 말을 안 해요.

6) 당황할 때 어떻게 하면 좋을 것 같아요?

    예 천천히 말하면 좀 나을 것 같아요.

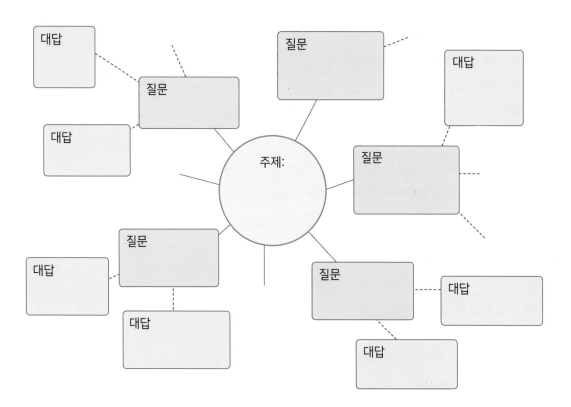

도입 (2)

◑ **활동 목적**

대상자가 부정적 정서에 대한 자신의 반응을 확인하게 하는 데 목적이 있다.

◉ **활동 목표**

대상자는 말더듬에 관한 자신의 대처 반응을 확인할 수 있다.

🔺 **활동 방법**

- 도식을 활용하여 말더듬이 나타나는 상황, 말을 더듬을 때 신체 상태와 심리 상태, 그로 인한 말, 생각, 기분의 변화 등에 대하여 작성하게 한다.
- 대상자가 말더듬 순간에 자신에게 일어나는 신체적 및 심리적 반응에 주의를 기울이게 한다.
- 도식을 작성하며 말더듬의 대처 반응을 확인한다.
- 두 번째 도식을 활용하여 말더듬의 대처 방법을 탐색하며 적절한 변화에 대하여 이야기한다.

↻ **활동 예시 1**

주제: 말더듬의 대처 반응 확인

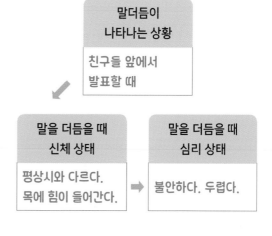

1) 말더듬이 나타나는 상황

　　예 친구들 앞에서 발표할 때

2) 말을 더듬을 때 신체 상태

　　예 평상시와 다르다. 목에 힘이 들어간다.

3) 말을 더듬을 때 심리 상태

　　예 불안하다. 두렵다.

4) 말의 변화

　예　말이 잘 안 나오거나 더듬게 된다.

5) 생각의 변화

　예　더듬었던 상황이 계속 생각난다.

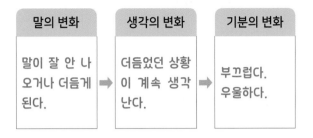

6) 기분의 변화

　예　부끄럽다. 우울하다.

활동 예시 2

주제: 말더듬의 대처 방법 탐색

1) 치료사가 대상자에게 말더듬의 대처 방법을 예시로 설명한다.

　예　말더듬이 나타나면 잠시 멈추고 힘을 빼고 다시 말해 봐요.

2) 말을 더듬을 때 치료사가 제시한 대처 행동을 적용하게 한다.

3) 대상자가 대처 행동을 적용했을 때의 변화에 대해 이야기한다.

　예　말이 조금 더 부드럽게 나오면서 편안해졌어요.

부정적 정서 (1)

◑ **활동 목적**

대상자의 말과 말더듬에 대한 불안, 죄의식, 좌절 등의 부정적인 정서를 감소시키는 데 목적이 있다.

◉ **활동 목표**

대상자는 자신의 말에 관한 부정적 정서를 나타내는 표현을 긍정적인 표현으로 바꿀 수 있다.

▲ **활동 방법**

● 대상자와 말을 더듬었을 때에 대하여 이야기한다.
● 대상자에게 감정 어휘 리스트를 제시하고 말에 대한 자신의 감정 어휘를 찾아보게 한다.
● 긍정적인 단어와 부정적인 단어의 비율을 확인한다.
● 부정적인 단어를 어떤 긍정적인 단어로 바꾸고 싶은지 이야기한다.
● 부정적인 단어를 긍정적인 단어로 바꾸기 위해서 무엇을 할 수 있는지 이야기한다.

▣ **활동 자료**

1. 다음에서 자신의 말에 대해 느끼는 감정에 해당하는 어휘를 찾아서 동그라미 하세요.

[감정 어휘]

슬프다	행복하다	뒤죽박죽하다	피곤하다	좌절하다
놀라다	나쁘다	희망적이다	화나다	지루하다
걱정되다	통제하다	부끄럽다	외롭다	역겹다
침착하다	수줍다	다르다	속상하다	편안하다
실망스럽다	겁이 없다	짜증나다	불안하다	궁금하다
즐겁다	기괴하다	흥분되다	두렵다	혼란스럽다
용감하다	전전긍긍하다	우울하다	성이 나다	당황하다
약이 오르다	긴장되다	자랑스럽다	자책하다	신나다

2. 부정적인 단어를 긍정적인 단어로 바꾸어 보세요.

부정적인 단어	긍정적인 단어
예 불안하다	예 편안하다

변화시키기 위해 무엇을 할 수 있을까요?
·
·
·

부정적 정서 (2)

◑ 활동 목적

대상자의 강점을 찾아보고 부정적인 정서를 감소시키는 데 목적이 있다.

◎ 활동 목표

대상자는 자신의 강점을 확인하고 활용 방법을 탐색할 수 있다.

▲ 활동 방법

- 대상자와 말이 힘들 때와 힘들지 않을 때에 대해 이야기한다.
- 나의 강점과 약점에 해당하는 어휘를 각각 5개씩 써 본다.
- 대상자의 강점 어휘로 나무를 만들어 보게 한다.
- 자신을 나타내는 강점을 우선순위대로 위에서 아래로 붙이게 한다.
- 자신의 강점과 약점을 하나씩 설명하게 한다.
- 말하는 것이 힘들 때 자신의 강점을 어떻게 활용할 수 있는지 이야기해 보게 한다.

🔲 활동 자료

강점 어휘			
강점 어휘	체크	강점 어휘	체크
행복	✓	끈기	
긍정적임		기쁨	
여유로움		도전적	
웃음	✓	포용적	
진솔		용기	
신중함	✓	의로움	
유쾌함		다정함	
유머스러움		친절함	

강점 나무 꾸미기

불안 (1)

◑ 활동 목적

대상자가 말더듬에 대해 느끼는 불안의 정도를 인식하고 이를 줄이는 데 목적이 있다.

◉ 활동 목표

대상자는 말더듬이 자신에게 미치는 불안을 파악할 수 있다.

▲ 활동 방법

● 말더듬에 대해 어떻게 생각하는지를 그리게 한다.
● 그림을 그린 후, 그림에 대한 설명을 쓰게 한다.
● 대상자의 그림에 대하여 질문함으로써 대상자의 말더듬에 대한 생각을 파악한다.

▫ 활동 자료

말더듬에 대한 생각 그리기	그림에 대한 설명 쓰기
	예 무서운 도깨비가 쫓아오는 것 같아요.
	예 외나무 다리를 건널 때처럼 떨어질까 봐 겁이 나요.

TIP 말더듬과 관련된 생각들을 잘 들어 주는 과정은 이전에 불안한 마음을 긍정적으로 변화시키는 데 도움이 된다.

불안 (2)

◑ 활동 목적

대상자의 말더듬과 자신에 대한 불안을 긍정적인 감정으로 바꾸도록 하는 데 목적이 있다.

◎ 활동 목표

대상자는 불안을 확인하고, 긍정적인 감정으로 변화시킬 수 있다.

▲ 활동 방법

● 활동지에 말로 인한 불안한 마음이 언제 생기는지 작성하게 한다.
● 불안을 긍정적인 감정으로 바꾸기 위해 무엇을 할 수 있는지 이야기한다.
● 활동지에 긍정적인 감정에 대해 작성하게 하고 불안한 감정을 변화하게 한다.

⟳ 활동 예시

1) 불안한 상황을 적어 보기

선생님이 질문을 할까 봐 불안하다.	내 발표 순서가 다가올 때 불안하다.	낯선 사람이 말을 걸까 봐 불안하다.

2) 불안을 긍정적인 생각으로 변경하기

불안	긍정적인 생각으로 변경하기
• 선생님이 질문을 할까 봐 불안하다. • 내 발표 순서가 다가올 때 불안하다. • 낯선 사람이 말을 걸까 봐 불안하다.	• 천천히 말하면 괜찮을 거야. • 나는 연습을 충분히 했으니까 할 수 있을 거야. • 말의 내용이 중요한 거야.

단어 공포 (1)

◑ **활동 목적**

대상자가 자신이 두려워하는 단어에 대한 회피 유형을 파악하게 하는 데 목적이 있다.

◉ **활동 목표**

대상자는 두려워하는 단어에 대한 자신의 회피 유형을 확인할 수 있다.

▲ **활동 방법**

● 치료사는 말을 더듬을 것 같을 때 나타나는 회피 행동의 목록을 제시한다.
● 대상자에게 해당하는 내용에 체크하게 한다.
● 대상자에게 나타나는 회피 행동 유형에 대해 이야기한다.
● 치료사는 대상자에게 말을 더듬더라도 회피하지 않고 말하는 것에 대해서 설명한다.

▣ **활동 자료**

말을 더듬을 것 같을 때 다음 행동이 나타나면 ✓를 해 주세요.

번호	문항	예	아니요
1	더듬을 것 같은 단어를 비슷한 단어로 바꾸어 말한다.		
2	더듬을 것 같은 단어를 대명사로 말한다.		
3	더듬을 것 같은 단어를 에둘러서 말한다.		
4	더듬을 것 같은 단어를 뒤의 말과 순서를 바꾸어 말한다.		
5	더듬을 것 같은 단어를 한 음절씩 끊어서 말한다.		
6	더듬을 것 같아서 답을 알지만 모르는 척한다.		
7	더듬을 것 같아서 답을 알지만 생각하는 척한다.		
8	더듬을 것 같아서 말 대신에 행동으로 표현한다.		
9	더듬을 것 같은 단어를 다른 사람에게 대신 말하게 한다.		

단어 공포 (2)

◐ 활동 목적

대상자가 두려워하는 단어를 말하는 순간에 덜 불안하도록 둔감화하는 데 목적이 있다.

◉ 활동 목표

대상자는 두려움을 느끼는 음소나 단어를 확인하고, 다양한 방식으로 말할 수 있다.

▲ 활동 방법

- 두려움을 느끼는 음소나 단어가 있는지를 확인한다.
- 공포를 느끼는 음소가 포함된 단어, 공포를 느끼는 단어가 포함된 문장을 작성한다.
- 공포를 느끼는 단어를 다양한 방법(더 힘 주어/더 부드럽게 등)으로 읽거나 말하게 한다.
- 공포를 느끼는 단어를 의도적으로 더듬고 다시 수정해서 유창하게 읽거나 말하게 한다.
- 공포를 느끼는 단어가 포함된 문장을 다양한 방법으로 읽거나 말하게 한다.
- 공포를 느끼는 단어가 포함된 문장에서 그 단어를 의도적으로 더듬고 다시 수정해서 유창하게 읽거나 말하게 한다.

▣ 활동 자료

대상자가 두려워하는 음소, 음소가 포함된 단어, 단어가 포함된 문장을 작성하고, 다양한 방법으로 읽거나 말하게 한다.

공포를 느끼는 음소	공포를 느끼는 음소가 포함된 단어	공포를 느끼는 단어가 포함된 문장
•	•	•

다양한 방식으로 말하기/읽기

더 힘주어 더 부드럽게	더 길게 더 짧게	더 크게 더 작게	더 높게 더 낮게	더 느리게 더 빠르게

단어 공포 (3)

◑ **활동 목적**

대상자가 두려운 단어를 말하는 순간에 덜 불안하도록 둔감화하는 데 목적이 있다.

◉ **활동 목표**

대상자가 두려움을 느끼는 음소나 단어를 다양한 언어학적 수준으로 말할 수 있다.

▲ **활동 방법**

- 두려움을 느끼는 음소가 포함된 단어 목록을 작성하고 단어카드를 만든다.
- 주사위를 던져서 나오는 숫자만큼 각 단어를 반복해서 말하게 한다.
- 치료사가 제시하는 운반구(공포를 느끼는 음소가 포함된 용언)에 단어 목록을 짝지어서 말하게 한다.
- 공포를 느끼는 단어가 포함된 문장 만들기를 다양한 방법으로 실시한다.
  - 문장 속에서 치료사가 가리키는 단어만 다른 것으로 바꾸어서 말하게 한다.
- 공포를 느끼는 단어가 포함된 주제로 대화를 유도한다.

◔ **활동 예시**

아동이 두려워하는 음소가 포함된 단어, 운반구, 문장, 대화 수준으로 구성하고 여러 번 말하게 함으로써 부정적 정서를 줄이고 자신감을 증진한다.

언어 단위	예시			
단어	가방	가지	거미	공책
운반구	~를 그려요	~를 가요	~를 걸어요	

문장	• 치료사: 가방을 들고 **학교**에 가요. • 대상자: 가방을 들고 **학원**에 가요. • 치료사: **가방**을 들고 학교에 가요. • 대상자: **공책**을 들고 학교에 가요.
대화	• 치료사: 학교에 갈 때 무엇을 들고 가나요? • 대상자: 가방을 들고 가요. • 치료사: 가방에는 무엇이 있나요? • 대상자: 가방에는 공책과 필통, 가위와 색종이가 있어요. • 치료사: 공책에는 무엇을 하나요? • 대상자: 공책에 글씨를 써요.

상황 공포 (1)

◑ **활동 목적**

대상자가 두려움을 느끼는 의사소통 상황을 파악하고, 두려움의 정도를 확인하는 데 목적이
있다.

◉ **활동 목표**

대상자는 다양한 말하기 상황에 대한 두려움의 정도를 체크할 수 있다.

▲ **활동 방법**

- 대상자가 생활 속에서 경험하게 되는 의사소통 상황을 목록화한다.
- 활동 자료의 왼쪽 칸에 각 상황에 대하여 두려움의 정도를 3점 척도로 체크하게 한다.
- 대상자의 응답을 토대로 두려운 상황에 대한 순위를 정한다.
- 치료사는 대상자가 두려워하는 상황에 대해 이야기한다.
- 치료사는 대상자가 두려워하는 상황과 유사한 상황을 제시하고 의도적으로 더듬으면서 말
  하게 한다.
- 활동 자료의 오른쪽 칸에 각 상황에 대한 회피 정도를 3점 척도로 체크하게 한다.
- 대상자의 응답을 토대로 회피 상황에 대한 순위를 정한다.
- 치료사는 회피 상황의 두려움 정도가 변화된 것을 확인하고, 회피하지 않고 다르게 반응하
  는 것에 대해 이야기한다.

🔲 **활동 자료**

다음의 다양한 말하기 상황에서 회피 행동 정도를 체크하게 한다.

말하기 상황	두려움			회피		
	두렵지 않다	약간 두렵다	매우 두렵다	전혀 회피하지 않는다	가끔 회피한다	항상 회피한다
• 식당에서 스스로 주문하기						
• 친구들과 이야기하기						
• 선생님께 질문하기						
• 친구에게 생각 표현하기						
• 어른(예: 선생님)에게 설명하기						
• 친구에게 부탁하기						
• 부모님께 허락받기						
• 가게 점원에게 말하기						
• 친구와 전화 통화하기						
• 학급에서 발표하기						
• 큰 소리로 읽기						

상황 공포 (2)

◑ 활동 목적

대상자가 두려워하는 상황에서 덜 불안하도록 둔감화하는 데 목적이 있다.

◉ 활동 목표

대상자는 두려움을 느끼는 상황에 접근할 수 있다.

▲ 활동 방법

- 두려움을 느끼는 상황이 있는지 확인한다.
- 두려움이 있는 상황을 목록화한다.
- 다양한 상황에 접근할 수 있는 정도를 10~100점으로 체크하게 한다.
- 접근 정도가 높은 상황부터 낮은 상황까지 위계화한다.
- 접근 정도를 높게 또는 낮게 체크한 이유를 말하게 한다.
- 접근 정도가 높은 상황부터 역할극을 실시한다.
- 치료사는 대상자가 더듬더라도 그 상황에 직면하게 한다.
- 활동 후 자신의 접근 정도의 변화를 확인하게 한다.

활동 자료

대상자가 두려운 상황에서 접근할 수 있는 정도를 체크하고, 역할극 활동 후 변화된 접근 정도를 확인하게 한다.

두려운 상황	활동 전 접근 정도 (10~100점)	활동 후 접근 정도 (10~100점)
1.		
2.		
3.		
4.		
5.		
6.		
7.		
8.		
9.		
10.		

상황 공포 (3)

◑ **활동 목적**

대상자가 두려워하는 상황에서 덜 불안하도록 둔감화하는 데 목적이 있다.

◎ **활동 목표**

대상자는 두려운 의사소통 상황에서 유창하게 말하는 경험을 할 수 있다.

▲ **활동 방법**

● 대상자는 생활 속에서 경험하게 되는 의사소통 상황을 목록화한다.
● 공포를 느끼는 상황들을 쉬운 상황부터 순서대로 기록한다.
● 치료사는 쉬운 상황부터 상황별로 역할극을 실시하고 대상자의 대화 상대자가 되어 준다.
● 치료사는 의도적으로 말을 더듬게 하고 다시 유창하게 발화하게 한다.
● 대상자가 공포를 느끼는 상황에서 유창하게 발화를 한다면 다음 상황으로 진행한다.

▣ **활동 자료**

의사소통 상황 목록을 작성하게 하고 쉬운 상황부터 공포를 느끼는 상황까지 순위를 기록한다.

의사소통 상황 목록: 나는 이런 상황을 경험해요!	순위
•	
•	
•	
•	
•	
•	
•	
•	

4 증진하기

도입

 **활동 목적**

대상자가 말더듬 치료와 관련된 주제어를 이해하게 함으로써 치료의 동기를 유발하는 데 목적이 있다.

활동 목표

대상자는 주제어(책임감, 자신감 등)를 말더듬 치료와 연결하여 이해할 수 있다.

활동 방법

- 치료사가 주제어를 선정하고 마인드맵 가운데에 작성한다.
- 치료사가 줄을 그어서 질문을 하거나 쓰면 대상자는 대답을 하거나 작성하게 한다.
- 대상자가 이해할 수 있는 일상적이고 구체적인 질문에서 점차 추상적인 개념으로 질문을 한다.
- 마지막에는 말과 말더듬에 관한 내용으로 질문을 진행한다.

G 활동 예시

활동지에 주제어를 써서 다음과 같이 질문을 하고, 답을 하게 하는 활동을 한다.

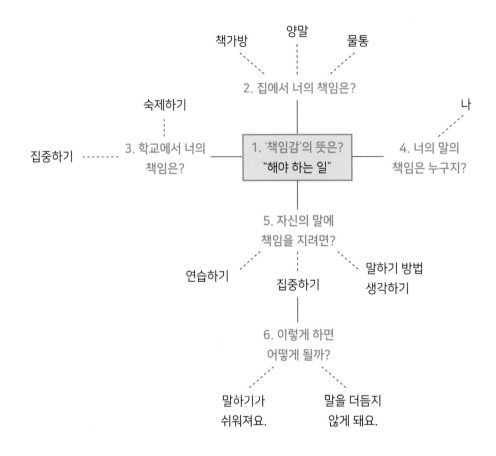

대처 능력 (1)

◑ 활동 목적

대상자가 말과 말더듬에 관한 또래 및 주변 사람들의 반응에 대한 자신의 감정을 확인하는
데 목적이 있다.

◎ 활동 목표

대상자는 말과 말더듬에 관한 또래 및 주변 사람의 놀림에 대한 자신의 감정을 파악할 수 있다.

▲ 활동 방법

- 말과 말더듬에 관한 또래나 주변 사람의 반응에 대한 자신의 감정을 그림이나 글로 표현하
  게 한다.
- 유창하게 말했을 때 대상자가 느끼는 감정을 그림이나 글로 표현하게 한다.
- 위 활동을 통한 두 그림이나 글에 대해서 이야기함으로써 대상자가 자신의 정서적 상태를
  파악하도록 돕는다.

◻ 활동 자료

- 말더듬에 대한 친구들의 반응을 들었을 때의 감정을 그림이나 글로 표현해 보세요.
- 친구들과 유창하게 이야기할 때의 감정을 그림이나 글로 표현해 보세요.

또래나 주변 사람의 반응에 대한 나의 감정은?	유창할 때 나의 감정은?

대처 능력 (2)

◑ 활동 목적

대상자가 말과 말더듬에 관한 또래 및 주변 사람들의 반응에 대한 자신의 감정을 확인하고 긍정적으로 대처하도록 하는 데 목적이 있다.

◉ 활동 목표

대상자는 말과 말더듬에 관한 또래 및 주변 사람들의 반응에 긍정적으로 대처할 수 있다.

▲ 활동 방법

- 치료사가 대상자에게 활동 자료를 제시하여 문제 상황을 작성하게 한다.
- 문제 상황의 이유가 무엇인지 작성하게 한다.
- 문제 상황을 원인과 결과로 정리하여 작성하게 한다.
- 주변 사람들의 반응에 어떻게 대처하면 좋을지 작성하게 한다.
- 말을 더듬지 않기 위해 어떻게 하면 좋을지 이야기한다.

⟲ 활동 예시

주제	내용
1. 문제 상황	"쉬는 시간에 친구가 나의 말더듬을 따라 했다."
2. 문제 원인	"내가 놀림받는 이유는 ……이다."
3. 문제 확인	"나는 친구들과 대화할 때 항상 ……한다. 왜냐하면 ……하기 때문이다."
4. 대처 방법 모색	- 놀림을 받았을 때 어떻게 하는 것이 좋을까? (내가 지금 말을 좀 더듬지만 천천히 하면 좀 괜찮아. 나도 더듬고 싶지 않거든. 조금만 기다려 줄래?) - 말을 더듬지 않기 위해서는 어떻게 하는 것이 좋을까? (말을 부드럽게 시작하고 천천히 말해요.)

자기 모니터링 (1)

◑ 활동 목적

대상자가 자신에 관한 정서나 인지를 스스로 점검하는 능력을 증진시키는 데 목적이 있다.

◉ 활동 목표

대상자가 자신에 관한 감정과 생각을 확인할 수 있다.

▲ 활동 방법

- 대상자에게 자신을 나타내는 단어를 작성하게 한다.
- 긍정적 단어와 부정적 단어를 분류하게 한다.
- 각 단어를 선택한 이유를 말하게 한다.
- 선택한 단어가 왜 긍정적이라고 또는 부정적이라고 생각했는지 이야기하게 한다.

▙ 활동 자료

나를 나타내는 어휘를 작성해 주세요.

| |
| |

⬇

긍정적 단어	부정적 단어

자기 모니터링 (2)

◑ 활동 목적

대상자가 말과 말더듬에 대한 부정적인 정서나 인지를 스스로 점검하는 능력을 증진시키는 데 목적이 있다.

◉ 활동 목표

대상자가 말과 말더듬에 관한 자신의 감정과 생각을 확인할 수 있다.

▲ 활동 방법

- 말하기 노트를 회기마다 작성하게 한다.
- 치료 내용, 구어 특성, 감정, 진전 사항, 질문 등을 기록하고 확인한다.
- 치료사는 말하기 노트에 기록된 내용 중 감정 상태에 대해 이야기 나눈다.

▣ 활동 자료

말하기 노트									
날짜: _____년 ____월 ____일									
치료 내용									
구어 특성									
감정									
진전 사항									
(오늘 나의 말은?) 모니터링	(비유창)								(유창)
	1	2	3	4	5	6	7	8	9	10
(오늘 나의 감정은?) 모니터링	(부정)								(긍정)
	1	2	3	4	5	6	7	8	9	10

✎ **TIP** 말하기 노트는 주기적으로 실시할 수 있다.

긍정적 사고 (1)

◑ **활동 목적**

대상자가 주변 사람들에게 말더듬을 공개하여 긍정적 사고로 변화시키는 데 목적이 있다.

◉ **활동 목표**

대상자는 말더듬을 주변 사람에게 공개적으로 설명할 수 있다.

▲ **활동 방법**

- 대상자에게 말더듬이 무엇이라고 생각하는지 작성하고 말하게 한다.
- 자신의 말더듬 특성에 대하여 작성하고 말하게 한다.
- 자신이 말을 더듬을 때 주변 사람들이 어떻게 해 주면 좋을지를 작성하고 말하게 한다.
- 치료사는 활동 내용을 주변 사람들에게 공유하는 연습을 하게 한다.

▫ **활동 자료**

대상자에게 다음의 내용을 작성하고 말하게 한다.

말더듬이란?	나의 말더듬 특성은?	내가 말을 더듬을 때 이렇게 해 주세요!

TIP 치료사는 대상자가 말할 내용을 도와줄 수 있다.

긍정적 사고 (2)

◑ **활동 목적**

대상자가 주변 사람들에게 말더듬을 공개하여 긍정적 사고로 변화시키는 데 목적이 있다.

◉ **활동 목표**

대상자는 주변 사람에게 말과 말더듬에 대한 발표를 계획하고 공개할 수 있다.

▲ **활동 방법**

- 치료사가 대상자에게 말더듬을 공개하기 위한 발표 내용을 준비하게 한다.
- 말더듬 증상, 특성, 유창성 증진 방법 등을 조사하게 한다.
- 대상자와 치료사가 다양한 매체(인터넷, 책 등)를 활용하여 발표 내용을 작성한다.
- 치료사에게 발표해야 할 내용을 설명하게 한다.
- 발표 자료를 토대로 발표를 시연하게 한다.

▥ **활동 자료**

말과 밀더듬에 관한 세부 주제를 정하고 발표 내용을 작성하게 한다.

1. 말더듬이란?
2. 말더듬의 증상
3. 말더듬의 특성
4. 유창성 증진 방법

긍정적 자아개념 (1)

◑ 활동 목적

대상자가 자신의 생각이나 감정을 표현함으로써 긍정적인 자아개념을 형성하도록 돕는 데 목적이 있다.

◎ 활동 목표

대상자는 말과 자신에 대한 긍정적인 점과 부정적인 점을 확인하고, 변화되기를 바라는 점을 표현할 수 있다.

▲ 활동 방법

- 활동지에 자신에 대한 긍정적, 부정적인 점을 쓰게 한다.
- 긍정적인 점과 부정적인 점의 비율을 확인한다.
- 말이나 말더듬과 관련되어 있는 단어가 있는지 확인한다.
- 부정적인 점을 자신이 바라는 점으로 바꾸어서 옆 칸에 작성하게 한다.

▫ 활동 자료

긍정적인 점	부정적인 점	바라는 점

긍정적 자아개념 (2)

◖ 활동 목적

대상자가 자신의 생각이나 감정을 표현함으로써 긍정적인 자아개념을 형성하도록 돕는 데
목적이 있다.

◎ 활동 목표

대상자는 말과 자신에 대한 긍정적인 개념을 형성할 수 있다.

▲ 활동 방법

- 치료사가 대상자의 생각이나 감정을 알아보기 위하여 문장 완성하기 활동 자료를 제시한다.
- 대상자에게 빈칸을 채우게 한다.
- 대상자의 응답 중에 말과 말더듬에 관한 내용이 있는지 확인하고, 그 내용이 긍정적인지 부
  정적인지를 판단하게 한다.
- 부정적인 내용을 긍정적인 문장으로 수정하여 작성하게 한다.
- 부정적인 내용을 긍정적인 내용으로 바꿀 수 있는 방법을 이야기한다.

▣ 활동 자료

대상자에게 다음 문장을 완성하게 하고, 작성한 글에 대해 이야기를 나눈다.

①	완성하기	나는 _____을/를 가장 원한다.
	수정하기	
②	완성하기	나는 _____이/가 무섭다.
	수정하기	
③	완성하기	나는 _____을/를 할 수 있다는 것을 안다.
	수정하기	

④	완성하기	나는 _____ 을/를 싫어한다.
	수정하기	
⑤	완성하기	나는 _____ 이/가 걱정된다.
	수정하기	
⑥	완성하기	나는 _____ 을/를 바란다.
	수정하기	
⑦	완성하기	어머니와 나는 _____ 다.
	수정하기	
⑧	완성하기	나는 화가 날 때 _____ 다.
	수정하기	
⑨	완성하기	학교에서 _____ 다.
	수정하기	
⑩	완성하기	나는 절대 _____ 않을 것이다.
	수정하기	
⑪	완성하기	나의 친구는 내가 _____ 다고 생각한다.
	수정하기	
⑫	완성하기	나는 _____ 할 때 화가 난다.
	수정하기	
⑬	완성하기	나는 _____ 할 수 없다.
	수정하기	
⑭	완성하기	나는 _____ 때문에 다르다.
	수정하기	
⑮	완성하기	나의 가장 친한 친구는 _____ 다.
	수정하기	

자기주도적 문제해결 (1)

◑ 활동 목적

가정에서 말과 말더듬에 관련된 문제의 해결 방법을 스스로 찾을 수 있도록 하는 데 목적이 있다.

◎ 활동 목표

대상자는 가정에서 말과 말더듬에 관련된 문제를 인식하고 해결할 수 있다.

▲ 활동 방법

- 치료사는 대상자에게 가정에서 말과 말더듬에 관한 문제가 나타나는 상황을 활동지에 작성하게 한다.
- 그 상황에서 자신이 느끼는 감정을 작성하게 한다.
- 문제해결을 위한 목표를 작성하게 한다.
- 치료사는 대화를 통해서 대상자가 해결 방법을 찾도록 돕는다.
- 대상자가 모색한 해결 방법 중 적용할 방법을 선택하게 한다.
- 대상자가 선택한 방법을 연습하게 한다.

↻ 활동 예시

단계	활동 및 예시
문제 상황 확인하기	아빠가 자신의 방식으로 나에게 말하도록 지시한다.
감정 확인하기	아빠가 그렇게 할 때 나는 초조하고 위축된다.
목표 설정하기	나는 아빠가 내가 말하는 것을 천천히 들어주면 좋겠다.
해결 방법 모색하기	(1) 언어치료에 좀 더 적극적으로 참여하기 (2) 새로운 의사소통 방법을 배우고 적용해 보기 (3) 자신의 생각을 아빠에게 전달하기 (4) 내 말에 대해 궁금한 점을 아빠가 질문하게 하기
해결 방법 선택하기	세 번째 방법을 먼저 해 보고 싶어요.

자기주도적 문제해결 (2)

◑ 활동 목적

학교에서 말과 말더듬에 관련된 문제의 해결 방법을 스스로 찾을 수 있도록 하는 데 목적이 있다.

◉ 활동 목표

대상자는 학교에서 치료사와 함께 말과 말더듬에 관련된 문제를 인식하고 해결할 수 있다.

▲ 활동 방법

- 치료사는 대상자에게 학교에서 말과 말더듬에 관한 문제가 나타나는 상황을 활동지에 작성하게 한다.
- 그 상황에서 자신이 느끼는 감정을 작성하게 한다.
- 문제해결을 위한 목표를 작성하게 한다.
- 치료사는 대화를 통해서 대상자가 해결 방법을 찾도록 돕는다.
- 대상자가 모색한 해결 방법 중 적용할 방법을 선택하게 한다.
- 대상자가 선택한 방법을 연습하게 한다.

⟳ 활동 예시

단계	활동 및 예시
문제 확인하기	나는 과학 발표대회에서 심사위원 앞에서 말하는 것이 두렵다.
감정 확인하기	나는 말을 더듬을 것 같아 두렵다.
목표 설정하기	나는 두려움을 감소시키고 싶다.
해결 방법 모색하기	(1) 두려움 인정하기 (2) 발표 전에 엄마와 연습하기 (3) 심사위원에게 말더듬을 공개하기 (4) 기기를 사용하기
해결 방법 선택하기	위의 모든 방법을 선택하면 나는 덜 두려울 것이다. 나는 이 모든 것을 선택해서, 다음 주 발표에서 말더듬에 대해 말할 것이다.

4장

유지하기

① 들어가는 글

2장을 통하여 확립한 유창성과 3장을 통하여 증진된 말에 대한 자신감을 계속 유지하기 위하여 의도적 말더듬과 자기 언어치료사 되기 활동으로 구성하였다.

의도적 말더듬을 통하여 유창하게 말할 때 신체의 이완된 느낌과 말을 더듬을 때 신체의 긴장된 느낌을 비교하며 구어산출 기관의 이완과 조절 가능한 느낌을 확인하고, 이완된 상태를 유지할 수 있게 한다. 또한 의도적 말더듬 활동을 하면서 말에 대한 인지, 정서적 측면에서 어떤 변화를 경험했는지를 확인한다.

자기 언어치료사 되기 활동을 통하여 평상시 유창한 발화를 위하여 어떤 노력을 할지 목표와 계획을 수립하고, 말더듬이 발생할 때 또는 재발이 될 때, 어떻게 대처할 수 있는지 점검을 통하여 스스로 말더듬을 관리할 수 있도록 한다.

◑② 유지하기

도입

◑ **활동 목적**

대상자가 말더듬 치료 후 발생할 수 있는 '재발'을 이해하도록 하는 데 목적이 있다.

◉ **활동 목표**

대상자는 말더듬 치료 후 발생할 수 있는 '재발'의 의미를 이해할 수 있다.

▲ **활동 방법**

- 치료사는 활동지에 주제 단어인 '재발'을 써서 제시한다.
- 치료사는 대상자에게 '재발'의 의미에 관해 질문한다.
- 일상생활에서 '재발'과 관련된 질문에 말로 대답하거나 답을 작성하게 한다.
- 말더듬 재발에 관한 질문을 한다.
- 대상자에게 재발에 대한 긍정적인 측면을 말해 보게 한다.
- 말더듬 치료 후에도 재발이 될 수 있음을 알려 준다.

↻ **활동 예시**

주제: 재발

질문	답변
재발이 무슨 뜻일까요?	무언가가 좋아지고 있는데 그것이 나빠지는 거요.
일상생활에서 재발은 어떤 경우가 있을까요?	감기 걸렸다가 나았다고 생각했는데 또다시 감기 증상이 나타났어요.
말더듬도 재발이 될 수 있을까요?	그것도 재발이 될 수 있어요.
'재발'의 좋은 점을 써 볼까요?	건강을 다시 관리하게 해요. 변화하기 위한 기회가 돼요. 말하기 방법을 연습하는 기회가 돼요.

의도적 말더듬

◑ 활동 목적

대상자가 편안하게 말을 더듬는 활동을 통해 말더듬과 유창한 발화의 신체적 및 정서적 상태의 차이를 이해하도록 하는 데 목적이 있다.

◉ 활동 목표

대상자는 의도적 말더듬과 유창하게 말할 때의 신체적·정서적 상태를 확인할 수 있다.

▲ 활동 방법

● 치료사는 대상자에게 의도적으로 더듬도록 요구하고, 필요한 경우 모델링을 제시한다.
● 실제 말더듬과 의도적 말더듬의 신체 긴장 정도와 부정적 정서의 정도를 체크하고, 어떻게 다른지 이야기한다.
● 유창하게 말할 때와 의도적으로 말을 더듬을 때의 신체 긴장 정도와 부정적 정서의 정도를 체크하고, 어떻게 다른지 이야기한다.

▣ 활동 자료

1) 치료사는 대화 상황에서 대상자에게 의도적으로 말을 더듬으면서 말하게 한다.

2) 실제 말더듬과 의도적 말더듬의 신체 긴장 정도와 부정적 정서를 표에 체크하게 한다.

	실제 말더듬		의도적 말더듬	
신체 긴장 정도	(약함) --------------------------- (심함)		(약함) --------------------------- (심함)	
	1	10	1	10
부정적 정서	(약함) --------------------------- (심함)		(약함) --------------------------- (심함)	
	1	10	1	10

3) 유창하게 말하기와 의도적 말더듬의 신체 긴장 정도와 부정적 정서를 표에 체크한다.

	유창하게 말하기	의도적 말더듬
신체 긴장 정도	(약함) ----------------------------------- (심함) 1　　　　　　　　　　　　　　10	(약함) ----------------------------------- (심함) 1　　　　　　　　　　　　　　10
부정적 정서	(약함) ----------------------------------- (심함) 1　　　　　　　　　　　　　　10	(약함) ----------------------------------- (심함) 1　　　　　　　　　　　　　　10

다양한 환경에 적용하기

◑ 활동 목적

다양한 말하기 상황에서 새롭게 습득한 말하기 방법을 적용하는 데 목적이 있다.

◉ 활동 목표

다양한 말하기 상황에서 유창성 증진 기법 또는 말더듬 순간 조절 기법을 적용할 수 있다.

▲ 활동 방법

- 활동 예시와 같은 말하기 과제를 느린 구어 속도에서 점차 정상 속도로 말하게 한다.
- 부드러운 발성을 사용하여 말하게 한다.
- 가벼운 조음 접촉으로 말하게 한다.
- 언어학적 길이를 짧은 것에서 긴 것으로 말하게 한다(단어, 구, 문장, 대화 등).
- 발화 내용을 단순한 내용에서 점차 복잡한 내용으로 말하게 한다(따라 말하기, 양자택일, 설명하기, 경험 말하기 등).
- 발화 환경을 다양한 상황에서 말하게 한다(가정, 학교, 마트, 학원, 서점, 쇼핑센터 등).
- 발화 대상자를 다양한 사람과 말하게 한다(가족, 친구, 낯선 사람 등).

ↄ 활동 예시

- 10개의 단어를 <u>느리게</u> 말해 보세요.
  - **예** "사과"
- 10개의 단어 앞에 수식어를 붙여서 <u>느리게</u> 말해 보세요.
  - **예** "맛있는 사과"
- 10개의 단어가 포함된 문장을 <u>느리게</u> 말해 보세요.
  - **예** "맛있는 사과를 먹어요."
- 사과에 대해서 알고 있는 것을 <u>느린</u> 구어로 설명해 보세요.
  - **예** "사과는 과일이고, 마트나 시장에서 살 수 있어요."
- 사과에 대해서 경험한 이야기를 <u>느린</u> 구어로 말해 보세요.
  - **예** "오늘 아침에 엄마가 사과를 깎아 주셔서 먹고 왔어요."

✏ TIP

각 말하기 단계에서 대상자가 느린 구어, 부드러운 발성, 가벼운 조음 접촉 등으로 말하기를 연습할 수 있다. 필요하다면 취소, 빠져나오기, 예비 세트 등을 통해 말더듬 순간을 조절함으로써 유창성을 유지할 수 있다.

자기 모니터링하기

◑ 활동 목적

대상자가 일상생활에서 자신의 말을 점검하는 능력을 증진시키는 데 목적이 있다.

◉ 활동 목표

대상자는 다양한 환경에서 자신의 말하기에 대한 자기 모니터링 능력을 신장할 수 있다.

▲ 활동 방법

- 치료사는 대상자에게 말하기 상황을 설정하게 한다.
- 적용하고자 하는 유창성 증진 기법을 말하거나 작성하게 한다.
- 설정한 상황에서 치료사와 대화하는 동안 유창한 정도와 자신감 정도를 체크하게 한다.
- 유창한 정도와 자신감 정도에 따라 연습할 과제를 계획한다.
- 치료사는 유창하다가 일시적으로 비유창성이 나타날 수 있음을 알려 준다.
- 말과 말더듬에 대한 대처나 조절은 스스로 할 수 있음을 강조한다.
- 치료 회기를 주 1회, 2주에 1회, 1개월에 1회, 2개월에 1회, 6개월 후 1회 등으로 조절하면서 유창성을 유지한다.

■ 활동 자료

말하기 노트									
날짜: _____년 ____월 ____일									
상황									
적용한 유창성 기법									
유창한 정도	1	2	3	4	5	6	7	8	9	10
자신감 정도	1	2	3	4	5	6	7	8	9	10
연습 과제	− 구어 속도 조절하기 − 비유창성에 대해 스스로 멈추고 부드럽게 말하기									

TIP 유창성 증진 기법(느린 구어, 부드러운 발성, 가벼운 조음 접촉)이나 말더듬 순간 조절법(취소, 빠져나오기, 예비 세트 등)을 통해 습득한 유창성을 유지시키도록 자기 모니터링을 돕는다.

자기 언어치료사 되기

◑ **활동 목적**

대상자가 자신의 말과 관련된 외현적 · 내면적 측면을 점검하고 지속적으로 관리하도록 돕는데 목적이 있다.

◉ **활동 목표**

대상자는 자신의 말을 점검하고 관리할 수 있다.

▲ **활동 방법**

● 대상자가 최근 자신의 유창성과 말에 대한 자신감의 정도를 체크하게 한다.
● 유창성 유지를 확인하고 스스로 강화하게 한다.
● 유창성을 어떻게 관리하였는지에 대하여 이야기하게 한다.
● 유지가 어려웠던 부분에 대해서 이야기를 나눈다.
● 유창성 및 자신감 증진을 위한 자기 치료 계획을 수립하도록 돕는다.

🔳 **활동 자료**

1) 최근 자신의 유창성과 자신감의 정도를 체크해 주세요.

점수		
(매우 비유창함) ·· (매우 유창함)		
1	유창성 정도	10
(매우 낮음) ·· (매우 높음)		
1	자신감 정도	10

2) 유창성 관리 방법을 작성해 주세요.

```


```

3) 유창성 유지가 어려웠던 이유를 작성해 주세요.

```


```

4) 유창성과 자신감 증진을 위한 자기 치료 계획을 작성하세요.

자기 치료 계획하기	
유창성	언제: 매일 어디서: 학교 가는 길에 어떻게: 느린 구어로 15분 동안 말하기 얼마나: 일주일

자기 치료 계획하기	
자신감 증진하기	• 언제: 매일 • 어디서: 가정에서 반려동물에게 • 어떻게: 부드러운 발성으로 15분 동안 말하기 • 얼마나: 일주일

5장

유창성 증진 워크북

1 들어가는 글

　워크북은 유창성 증진 기법을 연습할 때 사용할 수 있다. 학령기 아동 및 청소년에게 친숙한 주제인 가족 및 친구, 학교, 스포츠 등을 제시하였다. 각 주제별로 언어학적 수준을 고려하여 단어(일음절 단어, 다음절 단어, 양자택일형 질문에 단어로 답하기, 범주어, 문장에서 빠진 단어 등), 구(구 완성하기, 양자택일형 질문에 구로 답하기, 팬터마임 보고 구로 말하기, 제시 문장 보고 유추해서 구로 말하기, 문장에서 빠진 구 말하기, 질문에 구로 대답하기 등), 문장(문장 따라 말하기, 문장 완성하기, 오류 문장 수정해서 다시 말하기, 같은 점과 다른 점 문장으로 말하기 등), 대화(가상 상황에 대해 말하기, 장면 설명하기, 사물 설명하기, 활동 설명하기, 주제에 대한 질문하기와 대답하기, 역할극 하기, 주제에 대한 독백하기, 전화하기 등) 등 다양한 발화 과업을 제시하였다.

② 워크북

가족 및 친구 - 단어 1

● **주제**: 가족 및 친구
◆ **언어 단위**: 단어 1(그림)

TIP 대상자에게 명명하게 하거나 치료사의 음도와 강도로 단어를 모방하게 한다.

가족 및 친구 - 단어 2

● **주제**: 가족 및 친구

◆ **언어 단위**: 단어 2(일음절 단어)

일음절 단어 ▶

집	일	방	창
빛	불	줄	옷
신	실	말	밥
빵	꿀	껌	물
입	눈	풀	꽃

TIP 대상자에게 명명하게 하거나 치료사의 음도와 강도로 단어를 모방하게 한다.

가족 및 친구 - 단어 3

● **주제**: 가족 및 친구
◆ **언어 단위**: 단어 3(다음절 단어)

다음절 단어

간식	친구	싸움	규칙	게임
엄마	아빠	형제	자매	가족
침실	사랑	전화	만화	용돈
저녁	이웃	음악	장난감	야구공
놀이터	냉장고	세탁기	집안일	선풍기
청소기	컴퓨터	휴대폰	운동화	애완동물

TIP 대상자에게 명명하게 하거나 치료사의 음도와 강도로 단어를 모방하게 한다.

가족 및 친구 – 단어 4

● **주제**: 가족 및 친구

◆ **언어 단위**: 단어 4(양자택일형 질문에 대한 단어)

양자택일 질문: 단어 산출 ▶

1. 친구가 놀러 온다면 집 안과 밖 중에 어디에서 놀 거예요?
2. 아빠랑 같이 논다면 축구와 야구 중 무슨 게임을 할 거예요?
3. 음악을 듣는다면 동요와 가요 중에서 무엇을 선택할 건가요?
4. 설거지를 도와드려야 한다면 씻기와 닦기 중에 무엇을 할 건가요?
5. 친구랑 비디오 게임을 할 때 공격과 수비 중 무엇을 먼저 할 거예요?
6. 친구를 초대해서 논다면 금요일과 토요일 중에 언제가 좋을까요?
7. 집에서 엄마와 아빠 중 누구와 더 많은 이야기를 나누나요?
8. 애완동물을 키운다면 고양이랑 개 중에서 뭐가 좋을까요?
9. 방 청소를 할 때 청소기와 빗자루 중 무엇으로 하나요?
10. 용돈은 평일과 주말 중 언제 받나요?
11. 동생이 좋아하는 장난감을 실수로 망가트린다면 동생의 반응은 화내기와 울기 중 무엇일까요?
12. 만약 형제자매가 다 있다면, 언니(누나)와 오빠(형) 중에 누가 더 좋은가요?
13. 학교에서 재미있는 일이 있다면, 가족과 친구 중 누구에게 먼저 말할 거예요?
14. 좋은 성적을 받았을 때 부모님의 반응은 칭찬과 용돈 중 무엇일까요?
15. 가족이 함께 식사하는 것은 주로 아침인가요? 저녁인가요?
16. 샤워는 주로 아침과 저녁 중 언제 하나요?
17. 외식할 때 음식은 엄마와 아빠 중 누가 고르나요?
18. 엄마가 네 방을 꾸민다면 분홍색과 파란색 벽지 중 뭐가 좋아요?
19. 가족들과 여행을 간다면 바다와 산 중에 어디로 가고 싶어요?
20. 엄마와 아빠 중 누가 더 많이 혼내시나요?
21. 고민이 있을 때 가족과 친구 중 누구에게 털어놓나요?
22. 머리를 감을 때 비누와 샴푸 중 무엇을 사용하나요?
23. 그림을 그릴 때 물감과 크레파스 중 뭐가 더 좋나요?
24. 선물을 받는다면 공과 책 중 뭐가 더 좋나요?
25. 산책을 한다면 엄마와 아빠 중 누구랑 할 거예요?

 TIP 치료사가 양자택일 질문을 하면 대상자는 두 단어 중에 하나를 선택하여 말한다.

가족 및 친구 – 단어 5

● **주제:** 가족 및 친구

◆ **언어 단위:** 단어 5(범주어)

범주어 산출

범주어	하위어
1. 가족	누나, 할아버지, 형
2. 집안	부엌, 거실, 화장실
3. 침실	침대, 베개, 거울
4. 거실	탁자, 소파, 텔레비전
5. 서랍	연필, 테이프, 지우개
6. 청소	물티슈, 빗자루, 청소기
7. 감정	놀람, 지루함, 무서움
8. 애완동물	금붕어, 강아지, 새
9. 옷장	옷걸이, 양말, 외투
10. 취미	스포츠, 수집, 야구
11. 친구	(실제 대상자의 친구 이름 제시)
12. 친척	(실제 대상자의 친척 이름 제시)
13. 칭찬	안아 주기, 용돈, 간식
14. 설거지	그릇, 세제, 수세미
15. TV 프로그램	(실제 적절한 프로그램 이름 제시)
16. 여행	가방, 옷, 세면도구
17. 타는 것	자전거, 스케이트보드, 그네
18. 과일	사과, 귤, 바나나
19. 장난감	자동차, 보드게임, 퍼즐
20. 생일	케이크, 선물, 촛불
21. 동네	집, 슈퍼, 거리
22. 마트	과자, 생수, 음료수
23. 건널목	신호등, 횡단보도, 빨간불
24. 놀이터	그네, 시소, 미끄럼틀
25. 패스트푸드	햄버거, 콜라, 포테이토

 TIP ① 치료사가 범주를 말하면 대상자는 그 범주에 해당하는 것을 두 개 이상 말한다.
② 치료사가 범주를 말하면 대상자는 그 범주에 해당되지 않는 것을 두 개 이상 말한다.
③ 치료사가 범주에 해당하는 하위어를 세 개 말하면 대상자는 그 범주에 해당하는 단어를
한 개 이상 추가해서 말한다.

가족 및 친구 – 단어 6

● **주제**: 가족 및 친구

◆ **언어 단위**: 단어 6(문장에 빠진 단어)

빠진 단어 산출 ▶

1. 나는 전화를 걸어서 _____이라고 해요.
2. TV를 켜서 좋아하는 _____를 봐요.
3. 엄마가 나에게 _____를 청소하라고 해요.
4. 집에 혼자 있을 때 마음이 _____.
5. 내가 좋아하는 장난감은 _____예요.
6. 내가 좋아하는 간식은 _____예요.
7. 외투를 벗어서 _____에 걸어요.
8. 폰을 켜서 _____를 봐요.
9. 자기 전에 _____을 닦아요.
10. 방 청소를 잘했을 때 엄마가 나에게 _____를 줘요.
11. 리모컨으로 _____을 켜요.
12. 넘어지더라도 다시 _____ 수 있어요.
13. 방이 지저분할 때 _____를 해요.
14. 동생의 장난감을 망가뜨렸을 때 나는 마음이 _____.
15. 내가 밖에 있을 때 엄마는 _____을 해서 어디인지 물어요.
16. 옆집에 사는 사람을 _____ 라고 해요.
17. 친구랑 _____을 하며 놀아요.
18. 잠자리에 들기 전에 엄마에게 _____라고 말해요.
19. 혼자 있고 싶을 때 방에 들어가 _____을 닫아요.
20. 말을 잘 듣는 동생에게 _____를 줘요.
21. 규칙을 어기면 _____를 받을 수 있어요.
22. 잘 때는 _____로 갈아입어요.
23. 우리 집에 함께 사는 사람들은 모두 나의 _____이에요.
24. 저녁을 먹기 전에 배가 고프면 _____를 조금 먹어요.
25. 손님이 오면 _____라고 인사해요.

🔁 **TIP**　치료사가 미완성된 문장을 제시하면 대상자가 적절한 단어를 넣어서 문장을 완성한다.

가족 및 친구 – 단어 7

🔴 **주제**: 가족 및 친구

◈ **언어 단위**: 단어 7(개인적 선호도에 대한 자발적 단어)

개인적 선호도 질문 ▶

1. 엄마가 친구 4명을 초대하라고 한다면 누구를 초대할 건가요?

2. 아빠가 생일 선물로 책을 사주신다면 어떤 책을 살 건가요?

3. 좋아하는 TV 프로그램 3개를 말해 보세요.

4. 거실 말고 다른 데 가서 놀라고 한다면 어디로 갈 건가요?

5. 프리마켓에서 장난감을 판다면 어떤 장난감을 팔 거예요?

6. 동물원에 간다면 보고 싶은 동물 3개를 말해 보세요.

7. 친구 집에 놀러 간다면 어떤 장난감을 가져갈까요?

8. 친구들과 어떤 게임을 하고 싶나요?

9. 레고 블록 세트로 무엇을 만들고 싶나요?

10. 해 보고 싶은 게임은 무엇인가요?

11. 저녁 식사 전에 간식을 먹는다면 무엇을 먹고 싶나요?

12. 크리스마스 선물로 받고 싶은 것을 말해 보세요.

13. 집안일을 돕고 용돈을 받았다면 무엇을 살 건가요?

14. 집에서 장난감을 잃어버렸다면 어디서 찾을 건가요?

15. 애완동물을 키울 수 있다면 어떤 동물을 키우고 싶나요?

16. 새 애완동물에게 어떤 이름을 지어 줄 건가요?

17. 마트에 가서 사고 싶은 것 3가지를 말해 보세요.

18. 놀이공원에 가서 타고 싶은 것을 말해 보세요.

19. 그림을 그린다면 무엇을 그리고 싶은가요?

20. 청소를 할 때 절대 버리지 않을 물건은 무엇인가요?

21. 엄마가 내 방에 들어간다면 어떤 물건을 찾게 될까요?

22. 아빠와 어떤 보드게임을 하고 싶은가요?

23. 나만의 침실을 꾸민다면 무엇으로 꾸미고 싶은가요?

24. 내 방에서 가장 버리고 싶은 것은 무엇인가요?

25. 폰이 고장난다면 무엇을 하고 놀 건가요?

🔎 **TIP**   치료사가 개인적 선호에 대한 질문을 하면 대상자가 단어로 말한다.

가족 및 친구 - 구 1

● **주제**: 가족 및 친구

◆ **언어 단위**: 구(그림)

따뜻한 거실 깨끗한 거실	귀여운 강아지 친구의 강아지	재미있는 게임 갖고 싶은 게임	빨간 연필 긴 연필
맛있는 식사 밥과 반찬	동생과 함께 쓰는 이층침대	비 올 때 쓰는 우산	물건이 가득 담긴 카트

 TIP
① 치료사가 완성된 구를 모델링하고, 대상자가 모방한다.
② 치료사가 미완성된 구를 제시하고, 대상자는 단어를 추가하여 완성된 구를 산출한다.

가족 및 친구 - 구 2

● **주제**: 가족 및 친구

◆ **언어 단위**: 구 2(구 완성하기-①)

구 완성하기 ▶

1. _____차례	2. _____엄마
3. _____동생	4. _____놀이
5. _____친구	6. _____청소
7. _____사촌	8. _____아빠
9. _____머리	10. _____옷
11. _____식사	12. _____게임
13. _____얼굴	14. _____장난감
15. _____전등	16. _____놀이터
17. _____애완동물	18. _____쓰레기
19. _____방	20. _____전화
21. _____침대	22. _____욕실
23. _____TV	24. _____규칙

🖊 **TIP** ① 치료사가 완성된 구를 모델링하고, 대상자가 모방한다.
② 치료사가 미완성된 구를 제시하고, 대상자는 단어를 추가하여 완성된 구를 산출한다.

가족 및 친구 – 구 3

● **주제:** 가족 및 친구
◆ **언어 단위:** 구 3(구 완성하기-②)

구 완성하기 ▶

1. 비누 _____	2. 샴푸 _____
3. 화장실 _____	4. 좋은 _____
5. 엄마 _____	6. 나의 _____
7. 새로운 _____	8. 장난감 _____
9. 침대 _____	10. 힘든 _____
11. 청소 _____	12. 친구 _____
13. 놀이터 _____	14. 전화 _____
15. 텔레비전 _____	16. 선물 _____
17. 어제 _____	18. 주말 _____
19. 동네 _____	20. 이웃 _____
21. 재미있는 _____	22. 옆집 _____
23. 설거지 _____	24. 용돈 _____

 TIP ① 치료사가 완성된 구를 모델링하고, 대상자가 모방한다.
② 치료사가 미완성된 구를 제시하고, 대상자는 단어를 추가하여 완성된 구를 산출한다.

가족 및 친구 – 구 4

● **주제**: 가족 및 친구

◆ **언어 단위**: 구 4(양자택일형 질문에 구로 답하기)

양자택일 질문: 구 산출

1. 방 청소를 할 때 침대 정리와 장난감 치우기 중 어느 것을 먼저 할 거예요?
2. TV를 볼 때 의자에 앉아서 볼 거예요? 소파에 누워서 볼 거예요?
3. 친구와 30분 더 놀려고 하는데 게임을 할 건가요? TV를 볼 건가요?
4. 비싼 자전거를 갖고 싶은데 용돈을 모을 건가요? 부모님께 사 달라고 할 건가요?
5. 친한 친구와 놀 수 없다면 다른 친구에게 전화할 건가요? 혼자 놀 건가요?
6. 싫어하는 음식이 나오면 그냥 먹을 건가요? 아니면 다른 음식으로 바꿀 건가요?
7. 친구랑 같이 놀고 싶을 때 전화를 할 거예요? 친구 집에 직접 갈 거예요?
8. 친구 한 명이 괴롭힌다면, 엄마에게 말할 건가요? 스스로 해결할 건가요?
9. 취침 시간은 밤 9시 이전인가요? 아니면 이후인가요?
10. 아침에 일어나서 이를 먼저 닦나요? 물을 먼저 마시나요?
11. 방을 청소할 때와 좋은 성적을 받았을 때, 언제 부모님이 더 기뻐하실까요?
12. 집에서 방을 혼자 쓰나요? 형제자매와 같이 쓰나요?
13. 아침에 일어나서 옷을 먼저 갈아 입나요? 아침을 먼저 먹나요?
14. 제일 친한 친구는 나보다 키가 큰가요? 작은가요?
15. 놀 때에는 너희 집과 친구 집 중에 어디에서 주로 노나요?
16. 집에서 시끄럽게 하면 엄마는 조용히 하라고 하나요? 밖에 나가서 놀라고 하나요?
17. 가장 친한 친구와 놀 때와 많은 친구들과 놀 때 중 언제가 더 재미있나요?
18. 내 방은 부모님이 청소해 주시나요? 스스로 하나요?
19. 잘못을 했을 때, 벌로 방에 들어가 있으라고 하나요? 집안일을 하라고 하나요?
20. 부모님은 내가 자랑스러울 때 안아 주시나요? 칭찬해 주시나요?
21. 부모님은 청소하라는 말과 싸우지 말라는 말 중에 어떤 말을 더 많이 하나요?
22. 부모님과 보는 TV가 재미없을 때, 그래도 같이 보나요? 아니면 다른 것을 하나요?
23. 자기 전에 먼저 간식을 먹나요? 아니면 샤워를 하나요?
24. 용돈은 매달 받나요? 필요할 때 받나요?
25. 공원에 가서 자전거를 탈 거예요? 킥보드를 탈 거예요?

🔊 **TIP**   치료사가 양자택일 질문을 하면 대상자는 하나를 선택하여 구로 답한다.

가족 및 친구 – 구 5

● **주제**: 가족 및 친구
◈ **언어 단위**: 구 5(팬터마임 보고 구로 말하기)

팬터마임 보고 구 산출하기 ▶

1. 바닥 쓸기	2. 설거지 하기
3. 게임 카드 나눠 주기	4. 세수하기
5. 바닥에 있는 물건 줍기	6. 머리 빗기
7. 주사위 굴리기	8. 귀걸이 착용하기
9. 신발끈 묶기	10. 식탁 준비하기
11. 전화 걸기	12. 문을 두드리기
13. 손목시계 보기	14. 양치질하기
15. 바지 입기	16. 태권도 발차기 하기
17. 잃어버린 것을 찾기	18. 용돈 받기
19. 카드 섞기	20. 머리 감기
21. 전화 통화하기	22. 불을 끄거나 켜기
23. 안경 쓰기	24. 재킷 지퍼 올리기

 TIP ① 치료사가 팬터마임을 제시하고, 대상자는 짧은 구로 말한다.
② 대상자가 쉽게 추측하도록 가능한 많은 정보를 제공하고, 필요하면 구어 단서를 제공한다.

가족 및 친구 - 구 6

● **주제**: 가족 및 친구

◆ **언어 단위**: 구 6(제시 문장 유추해서 구 말하기)

유추하여 구 산출 ▶

1. 언니는 여자이지만, 오빠는…….
2. 거실에는 소파가 있고, 침실에는…….
3. 머리는 빗으로 빗고, 칫솔은…….
4. 아침에 일어나면 옷을 입고, 밤에 잘 때는…….
5. 새는 둥지에 살지만, 사람은…….
6. 적은 싫어하는 사람이지만, 친구는…….
7. 저녁에는 집에 오고, 아침에는…….
8. 기쁠 때는 웃고, _____는 울어요.
9. 잠은 침실에서 자고, 밥은…….
10. 어른들은 일하면 월급을 받고, 아이들이 집안일을 도우면…….
11. 아침에는 일어나고, 밤에는…….
12. TV를 보려면 TV를 켜야 하고, TV를 다 본 후에는…….
13. 장난감은 장난감 상자에 넣고, 옷은…….
14. 몸은 비누로 씻는데, 머리는…….
15. 전화를 받을 때는 '여보세요?'라고 하고, 끊기 전에는…….
16. 평일 밤에는 일찍 자야 하지만, 파자마 파티에서는…….
17. 날씨가 맑을 때는 밖에서 놀 수 있지만, _____ 때는 실내에서 놀아요.
18. 애완용 거북이는 어항에 담아 기르고, 애완용 햄스터는 _____에서 길러요.
19. 여동생은 어리고, 할아버지는…….
20. 규칙을 잘 지키면 상을 받지만, 규칙을 어기면…….
21. 아기 개는 강아지라고 하고, 아기 소는…….
22. 부모님은 TV에서 뉴스를 보는 것을 좋아하지만, 아이들은…….
23. 배고플 때는 먹고, _____ 때는 잠을 자요.
24. 부모님은 빨래를 하고, 아이들은…….
25. 반려동물은 부모님이 집에 있을 때는 부모님이 돌봐주시고, 부모님이 외출할 때에는…….

TIP 치료사가 미완성된 문장을 제시하면 대상자가 적절한 단어를 넣어서 문장을 완성한다.

가족 및 친구 - 구 7

● **주제**: 가족 및 친구

◆ **언어 단위**: 구 7(문장에서 빠진 구)

빠진 구 산출 ▶

1. 아침에 일어나서 가장 먼저 하는 일은 _____ _____
2. 친구 집에 가기 전에 항상 _____ _____
3. 친구 집에서 놀다가 집에 돌아오면 엄마가 _____ _____
4. 옷을 바닥에 놔두면 부모님이 _____ _____
5. 내가 가장 좋아하는 것은 _____ _____
6. 내가 원하는 애완동물을 키울 수 있다면 _____ _____
7. 아빠가 기분이 좋을 때는 _____ _____
8. 친구가 놀러 오면 우리는 _____ _____
9. 내가 울면 부모님은 _____ _____
10. 같이 놀 사람이 없으면 난 _____ _____
11. 엄마를 기쁘게 해 드리고 싶어서 나는 _____ _____
12. 남동생이 괴롭힐 때 나는 _____ _____
13. 부모님은 내가 자랑스러울 때 _____ _____
14. 집에 있을 때 나는 _____ _____
15. 집안일 중에서 제일 싫어하는 일은 _____ _____
16. 문제가 있을 때는 항상 _____ _____
17. 친구가 나를 화나게 하면 나는 _____ _____
18. 바닥에 음료수를 쏟으면 _____ _____
19. 부모님이 외출할 때는 항상 _____ _____
20. 우리 부모님은 내가 _____ _____
21. 부모님이 나를 사랑한다고 할 때 _____ _____
22. 내가 말을 더듬기 시작하면 부모님은 _____ _____
23. 자기 전에는 항상 _____ _____
24. 친구들과 말을 할 때 나는 _____ _____
25. 전화벨이 울리면 나는 _____ _____

🔌 **TIP**　치료사가 미완성된 문장을 제시하면 대상자가 두 단어 이상 구를 넣어서 문장을 완성한다.

가족 및 친구 – 구 8

● **주제:** 가족 및 친구

◆ **언어 단위:** 구 8(질문에 구로 답하기)

질문: 구 산출 ▶

1. 중요한 물건을 숨기는 장소는 어디인가요? _____ _____
2. 일찍 잠자리에 들어야 하는 이유는 무엇인가요? _____ _____
3. 아이들끼리 집에 있으면 안 되는 이유는 무엇인가요? _____ _____
4. 취침 준비를 할 때 어떤 일을 하나요? _____ _____
5. 어떨 때 화가 나나요? _____ _____
6. 방을 청소해야 하는 이유는 무엇인가요? _____ _____
7. 심심할 때 할 수 있는 일은 무엇인가요? _____ _____
8. 목욕할 때 어떻게 하나요? _____ _____
9. 애완동물을 돌보기 위해 할 일은 무엇인가요? _____ _____
10. 친구들과 놀 때 무엇을 하나요? _____ _____
11. 집에 늦게 들어가는 이유는 무엇인가요? _____ _____
12. 생일 파티에 친구들을 초대해서 무엇을 하나요? _____ _____
13. 저녁 식사 후에 가족들은 무엇을 하나요? _____ _____
14. 스마트폰을 너무 오래 사용하면 안 되는 이유는 무잇인가요? _____ _____
15. 거실에서 뛰면 안 되는 이유는 무엇인가요? _____ _____
16. 부모님이 아이들에게 화를 내는 이유는 무엇인가요? _____ _____
17. 밤에 배가 고픈 이유는 무엇인가요? _____ _____
18. 부모님이 나를 자랑스러워하는 이유는 무엇인가요? _____ _____
19. 우리 가족이 특별한 이유는 무엇인가요? _____ _____
20. 형이나 동생을 좋아하는 이유는 무엇인가요? _____ _____
21. 늦잠을 자는 이유는 무엇인가요? _____ _____
22. 친구랑 싸우는 이유는 무엇인가요? _____ _____
23. 학교에 입고 가면 안 되는 옷과 그 이유는 무엇인가요? _____ _____
24. 친구들이 방과 후에 놀 수 없는 이유는 무엇인가요? _____ _____
25. 너의 방이 엉망인 이유는 무엇인가요? _____ _____

🗨 **TIP**   치료사가 질문을 하면 대상자는 두 단어 이상의 구로 답하도록 한다.

가족 및 친구 - 문장 1

● **주제**: 가족 및 친구
◆ **언어 단위**: 문장 1(그림)

온 가족이 청소를 해요.

친구랑 강아지 산책을 시켜요.

할아버지, 할머니와 함께
저녁을 먹어요.

종이와 플라스틱은
재활용으로 분류해요.

가족들과 보드게임을 해요.

줄을 서서
버스를 타요.

 TIP
① 치료사가 각 문장을 말하면 대상자는 그대로 따라 말한다.
② 치료사가 문장의 앞부분을 제시하면 대상자가 결과를 넣어 완전한 문장으로 말한다.
③ 치료사가 오류 문장을 제시하면 대상자가 의미적으로 맞게 문장을 수정해서 말한다.

가족 및 친구 – 문장 2

🐚 **주제**: 가족 및 친구

◈ **언어 단위**: 문장 2(문장 따라 말하기)

문장 산출하기 ▶

1. 엄마! 안녕.	21. 엄마한테 말할게요.
2. 학교 다녀왔어요.	22. 늦게까지 놀아도 되나요?
3. 이리 와!	23. 간식 먹어도 되나요?
4. 그건 내 거야!	24. 마실 것을 주세요.
5. 잘 먹겠습니다.	25. 언제 밥 먹어요?
6. 이거 보세요.	26. 신발을 찾을 수가 없어요!
7. 심심해요.	27. 채널을 바꿔도 되나요?
8. 내가 엄마를 도왔어요.	28. 놀러 갈래?
9. 저녁 식사는 준비됐나요?	29. 저녁으로 무엇을 먹을까요?
10. 그러지 마!	30. 나는 할 일이 없어요.
11. 내 차례야.	31. 이거 어떻게 하는 거예요?
12. 잠깐만요.	32. 지금 집에 가야 해요.
13. 같이 놀래?	33. 나는 하고 싶지 않아요!
14. 내가 한 게 아니야.	34. 비밀 하나 알려 줄까요?
15. 나중에 할게.	35. 양말 어디 있어요?
16. 뭐 하는 거야?	36. 이거 어떻게 하는 거예요?
17. 내 잘못이 아니야.	37. 아빠는 언제 집에 오시나요?
18. 해야 돼요?	38. 내가 깨려고 한 건 아니에요.
19. 무엇을 도와드릴까요?	39. 왜 친구 집에 가면 안 돼요?
20. 누구 차례야?	40. 목욕하고 나서 놀아도 되나요?

🔌 **TIP** 치료사가 각 문장을 말하면 대상자는 그대로 따라 말한다.

가족 및 친구 - 문장 3

● **주제:** 가족 및 친구

◆ **언어 단위:** 문장 3('만약 ~라면'에 대한 문장 완성하기)

'만약 ~라면' 문장 산출 ▶

1. 같이 놀 사람이 없다면…….
2. 친구랑 같이 게임을 하고 싶다면…….
3. 친구가 늦게까지 놀고 싶다면…….
4. 형제(자매)와 말다툼을 하게 된다면…….
5. 사촌이 만나기를 원한다면…….
6. 놀다가 너무 장난이 심하면…….
7. 친구가 장난감을 혼자 가지고 논다면…….
8. 친구들과 놀다가 엉망이 된다면…….
9. 집에 왔을 때 엄마가 집에 없으면…….
10. 규칙을 어기면…….
11. 친구가 내 장난감을 가지고 간다면…….
12. 형이 내가 하지 않은 일을 했다고 우긴다면…….
13. 좋아하는 장난감을 잃어버렸다면…….
14. 내 방 청소를 안 하면…….
15. 집안일을 도와드리면…….
16. 가족과 함께 집안일을 해야 한다면…….
17. 아빠가 차려 준 밥이 맛이 없으면…….
18. 부모님과 같은 TV 방송을 보기 싫다면…….
19. 친한 친구에게 비밀을 말하고 싶다면…….
20. 부모님의 말을 듣지 않으면…….
21. 이웃에 새 친구가 이사 온다면…….
22. 거실에 우유를 엎지르면…….
23. 부모님을 기쁘게 해 드리고 싶다면…….
24. 전화를 받을 때 말을 더듬을까 봐 두렵다면…….
25. 친구들과 놀다가 말을 더듬으면…….

 TIP 치료사가 만약 문장의 앞부분을 제시하면 대상자가 결과를 넣어 완전한 문장으로 말한다.

가족 및 친구 - 문장 4

주제: 가족 및 친구

언어 단위: 문장 4(오류 문장 수정해서 다시 말하기)

오류 문장 수정해서 말하기 ▶

1. 샤워하기 <u>전에</u> 옷을 입어요.
2. 엄마는 <u>진공청소기</u>로 가구의 먼지를 털고 있어요.
3. 아빠는 TV를 끄고 <u>신문</u>을 듣기로 했어요.
4. 언니는 좋아하는 장난감을 망가뜨렸을 때 매우 <u>기뻤어요</u>.
5. 내 친구가 왔을 때, 친구는 <u>집</u>을 데려왔어요.
6. 내 방을 청소하고 나니 <u>끔찍해</u> 보여요.
7. 음식이 너무 <u>맛있어서</u> 아빠는 아무것도 안 드셨어요.
8. 내가 좋아하는 만화 프로그램은 <u>새벽</u> 4시에 TV에 나온다.
9. 나는 비디오 게임을 할 때 <u>천장</u>에 앉는 것이 가장 편해요.
10. 우리가 너무 <u>조용해서</u> 엄마는 우리 모두를 밖에 나가 놀게 했어요.
11. 애완 <u>여동생</u>에게 먹이를 주는 것을 잊었어요.
12. 아빠는 집안일을 <u>잘해서</u> 화가 나셨어요.
13. 나는 <u>큰</u> 목소리로 친구에게 비밀을 말했어요.
14. 엄마는 내 머리를 빗기 위해 <u>칫솔</u>을 가지고 오라고 하셨어요.
15. 어젯밤에 너무 <u>일찍</u> 잠자리에 들어 누나가 매우 피곤했어요.
16. 나는 장난감을 찾기 위해 <u>TV</u> 안을 들여다보았어요.
17. <u>일어날</u> 시간이라 잠옷을 입었어요.
18. 우리 가족이 사는 곳을 <u>상점</u>이라고 해요.
19. 내가 가장 좋아하는 일은 <u>침대</u>를 데리고 산책하는 것이에요.
20. 음식을 데우려고 <u>냉장고</u>에 넣었어요.
21. 초인종 소리를 듣고 <u>전화</u>를 받았어요.
22. 아빠는 <u>샴푸</u>를 사용하여 치아를 닦았어요.
23. 비가 온 후에 하늘에 <u>안개</u>가 떠요.
24. 그림을 그려서 <u>가위</u>로 색칠했어요.
25. 침대에서 <u>가방</u>을 베고 잠 자요.

 ① 치료사가 오류 문장을 제시하면 대상자가 그대로 따라 말하고 잘못된 부분을 찾는다.
② 대상자가 의미적으로 맞게 문장을 수정해서 말한다.

가족 및 친구 - 문장 5

● **주제**: 가족 및 친구
◆ **언어 단위**: 문장 5(같은 점과 다른 점 말하기)

같은 점과 다른 점 말하기 ▶

1. 남동생-여동생	2. 용돈-선물
3. 낯선 사람-이웃	4. 할아버지-아버지
5. 쓸기-닦기	6. 설거지-방 청소
7. 폰게임-보드게임	8. 텔레비전-라디오
9. 장난감 상자-옷장	10. 엄마-아빠
11. 잠옷-청바지	12. 친구-적
13. 책장-옷장	14. 침대-소파
15. 고함-속삭임	16. 목욕-샤워
17. 간식-식사	18. 샴푸-비누
19. 자동차-자전거	20. 침실-거실
21. 애완동물-야생동물	22. 초인종-전화
23. 낮잠 시간-취침 시간	24. 선풍기-에어컨

🗨 **TIP**   대상자는 치료사가 제시하는 두 단어가 어떻게 같고, 어떻게 다른지 문장으로 설명한다.

가족 및 친구 - 문장 6

● **주제**: 가족 및 친구

◆ **언어 단위**: 문장 6(가상 상황에 대해 말하기)

가상 상황에서 말하기 ▶

1. 엄마가 내 옷이 마음에 들지 않는다고 해요.

2. TV 소리가 안 들려요.

3. 자러 갈 시간이에요.

4. 친구가 장난감을 빌려주지 않아요.

5. 5시까지 집에 가야 해요.

6. 심부름을 다 해야 놀 수 있어요.

7. 동생에게 화가 나요.

8. 친구 집에 놀러 가요.

9. 친구와 놀기 싫어요.

10. 아버지의 물건을 망가트렸어요.

11. 내가 친구의 기분을 상하게 했어요.

12. 부모님이 내 말을 들어주지 않아요.

13. 친구 집에서 놀다가 늦었어요.

14. 동생이 내 장난감을 빌리고 싶어 해요.

15. 엄마가 집에 안 계신데 엄마를 찾는 전화가 왔어요.

16. 동생이 나를 화나게 해요.

17. 저녁 설거지를 해야 해요.

18. 친구에게 빌린 장난감을 돌려주려고 해요.

19. 새 카펫에 음료수를 쏟았어요.

20. 하지도 않은 일을 했다고 혼났어요.

21. 엄마나 동생이 내 방에 막 들어오지 않았으면 좋겠어요.

22. 주말에 벌로 외출 금지를 당했어요.

23. 친구가 나에게 못된 말을 해요.

24. 친구가 계속 방해해요.

25. 엄마가 내 방 정리를 도와줬어요.

⚡ **TIP**   치료사는 가상의 상황을 제시하고, 대상자는 상황에서 어떻게 할지 문장으로 말한다.

가족 및 친구 - 문장 7

● **주제:** 가족 및 친구

◆ **언어 단위:** 문장 7(문장 완성하기)

문장 완성하기 ▶

1. 같이 놀 사람이 없을 때…….
2. 누나가 자꾸 귀찮게 하면…….
3. 친구가 놀러 오면…….
4. 정말 흥분되면…….
5. 하룻밤 파티에서 한 번…….
6. 친구에게 화를 내면…….
7. 친구 집에 가기 전에…….
8. 친구가 하고 싶은 걸 내가 하기 싫으면…….
9. 친구가 우리 집에서 같이 놀게 하고 싶을 때…….
10. 친척 집에 가기 전에…….
11. 내가 좋아하는 장난감이 고장났을 때…….
12. 용돈 받으면…….
13. 친구 집에서 다쳤을 때…….
14. 엄마에게 무엇인가를 물었을 때 "아니요"라고 하면…….
15. 부모님이 시키는 대로 하지 않으면…….
16. 집에 혼자 있고 싶을 때…….
17. 엄마가 나에게 화를 내면…….
18. 우리 집에 어린 애들이 놀러 오면…….
19. 매일 밤 저녁식사 후…….
20. 엄마가 밥 해 줄 시간 없을 때…….
21. 친구들을 집에 놀러 오게 할 수 없을 때…….
22. 친구 집에 너무 오래 있으면…….
23. TV에서 볼 만한 것이 없을 때…….
24. 자기 전에…….
25. 한밤중에 일어나면…….

TIP 치료사는 미완성 문장을 제시하고, 대상자는 자연스럽게 문장을 마무리한다.

가족 및 친구 - 대화 1

● **주제**: 가족 및 친구

◈ **언어 단위**: 대화 1(그림 장면 설명하기-놀이터 상황)

놀이터에서 가족이 배드민턴을 쳐요.

강아지가 뛰어다녀요.

벤치에서 책을 읽는 사람이 있어요.

여자아이 한 명은 미끄럼틀을 타고, 또 다른 한 명은 회전판을 타요.

누나랑 동생이 그네를 타요.

TIP 치료사가 그림 장면을 제시하고, 장면에 대하여 설명하게 한다. 대상자의 발화가 짧거나 간단하면 장면과 관련된 질문을 한다. 대상자가 자연스럽게 대화하도록 추가적인 질문을 하거나 대상자의 말에 적절한 반응을 하며 대화를 한다.

가족 및 친구 - 대화 2

🔴 **주제**: 가족 및 친구

🔷 **언어 단위**: 대화 2(그림 장면 설명하기-편의점 상황)

편의점에서 점원이 물건을 정리해요.
또 다른 점원은 계산을 해요.
삼각김밥을 골라서 계산을 하려고 해요.
현금지급기에서 현금을 인출하고 있어요.
책을 고르는 사람도 있어요.

TIP 치료사가 그림 장면을 제시하고, 장면에 대하여 설명하게 한다. 대상자의 발화가 짧거나 간단하면 장면과 관련된 질문을 한다. 대상자가 자연스럽게 대화하도록 추가적인 질문을 하거나 대상자의 말에 적절한 반응을 하며 대화를 한다.

가족 및 친구 – 대화 3

● **주제**: 가족 및 친구

◆ **언어 단위**: 대화 3(말하기 과업: 사물 설명하기)

사물 설명하기 ▶

1. 자기 자신	2. 엄마
3. 아빠	4. 할머니, 할아버지
5. 형제자매	6. 애완동물
7. 집	8. 침실
9. 전화	10. 텔레비전
11. 라디오	12. 자전거
13. 스케이트보드	14. 침대
15. 옷장	16. 좋아하는 옷
17. 가장 친한 친구	18. 좋아하는 장난감
19. 좋아하는 캐릭터	20. 부엌
21. 좋아하는 게임	22. 좋아하는 노래
23. 마당	24. 좋아하는 책

TIP 대상자는 치료사가 제시하는 단어에 대해 문장으로 설명한다.

가족 및 친구 – 대화 4

● **주제**: 가족 및 친구

◆ **언어 단위**: 대화 4(말하기 과업: 활동 설명하기)

활동 설명하기 ▶

1. 설거지
2. 방 청소
3. 식사 정리를 위해 식탁 준비
4. 침대 정돈하기
5. 신발끈 묶기
6. 아침에 나갈 준비하기
7. 전화 걸기
8. 흘린 음료수 닦기
9. 취침 준비하기
10. 애완동물에게 먹이 주기
11. 비디오 게임하기
12. 할 줄 아는 카드 게임
13. 할 줄 아는 보드게임
14. 목욕하기
15. 머리 감기
16. 바닥 쓸기
17. 쓰레기 버리기
18. 옷 정리하기
19. 양치질하기
20. 선물 포장하기
21. 자전거 타기
22. 편지 보내기
23. 컵라면 끓이기
24. 이웃에게 물건 빌리기
25. 청소기로 거실 청소하기

🧭 TIP　치료사가 활동을 제시하고, 대상자는 활동을 어떻게 수행하는지 순서대로 설명한다.

가족 및 친구 - 대화 5

🗣 **주제**: 가족 및 친구

◈ **언어 단위**: 대화 5(말하기 과업: 주제에 대해 대답하기와 질문하기)

대답하기와 질문하기 ▶

1. 이름
2. 전화번호
3. 형제자매의 이름
4. 용돈
5. 평일에 잠자는 시간
6. 주소
7. 내가 하는 집안일
8. 방에 있는 물건
9. 가장 싫어하는 집안일
10. 가장 친한 친구
11. 좋아하는 텔레비전 프로그램
12. 좋아하는 만화
13. 집에서 가족들과 하는 놀이
14. 좋아하는 보드게임
15. 친구들과 집에서 하는 놀이
16. 좋아하는 애완동물
17. 좋아하는 음식
18. 주말에 가장 하고 싶은 것
19. 생일에 받고 싶은 선물
20. 생일날 먹는 음식
21. 놀이터에서 하는 놀이
22. 주말에 놀러 가고 싶은 곳
23. 집에서 청소가 가장 필요한 곳
24. 거실에 있는 물건
25. 가족 여행으로 가고 싶은 곳

 TIP ① 치료사가 하나의 주제에 대해 질문을 하면 대상자가 대답한다.
② 치료사가 제시하는 주제에 대하여 대상자가 질문을 하게 한다.

가족 및 친구 – 대화 6

● **주제**: 가족 및 친구

◈ **언어 단위**: 대화 6(말하기 과업: 가상 상황에서 질문하기)

가상 상황: 질문하기 ▶

1. 친구가 가지고 있는 비디오 게임이 무엇인지 알고 싶을 때

2. 동생들이 너와 놀기를 원하지 않을 때

3. 아빠가 너와 함께 게임을 하기를 원할 때

4. 평상시보다 늦게 자고 싶을 때

5. 친구 집에 자전거를 타고 갈 수 있는지 알고 싶을 때

6. 엄마가 쿠키 굽는 것을 돕고 싶을 때

7. 친구의 전화번호를 알고 싶을 때

8. 엄마가 시킨 일이 기억나지 않을 때

9. 엄마가 어디로 가는지 알고 싶을 때

10. 엄마가 TV 보는 것을 허락하지 않을 때

11. 네가 외출한 동안 가장 친한 친구가 전화했는지 알고 싶을 때

12. 동생에게 장난감을 빌리고 싶을 때

13. 친구들과 간식을 나눠 먹고 싶을 때

14. 엄마가 쇼핑하는 동안 혼자 집에 있고 싶을 때

15. 책을 사고 싶을 때

16. 음악을 듣고 싶을 때

17. 친구랑 놀러 갈 수 있는지 허락을 받고 싶을 때

18. 친구가 게임을 할 수 있는지 알고 싶을 때

19. 친구가 어제 TV를 봤는지 알고 싶을 때

20. 친구가 무엇을 하고 싶어 하는지 알고 싶을 때

21. 손톱깎이를 어디에 두었는지 알고 싶을 때

22. 엄마가 저녁으로 무엇을 만들고 있는지 알고 싶을 때

23. 가족과 함께 TV를 보다가 채널을 바꾸고 싶을 때

24. 디저트로 무엇을 먹을지 알고 싶을 때

25. 용돈을 일찍 받고 싶을 때

 TIP 치료사가 가상 상황을 제시하고, 대상자는 가상 상황과 관련된 질문을 한다.

가족 및 친구 - 대화 7

● **주제**: 가족 및 친구

◆ **언어 단위**: 대화 7(말하기 과업: 편안한 상황에 대한 역할극 하기)

편안한 상황: 역할극 ▶

1. 이웃에 새로 이사 온 아이에게 자신을 소개하는 상황
2. 친구에게 집으로 가는 길을 알려 주는 상황
3. 엄마를 도와 방 청소를 하는 상황
4. 아침에 아이를 깨우는 엄마 역할
5. 취침 시간에 하루 일과를 말하는 상황
6. 친구 집에서 즐거웠던 일을 부모님께 이야기하는 상황
7. 엄마에게 저녁 반찬이 뭐냐고 묻는 상황
8. 오후에 친구를 집에 초대하는 상황
9. 아침으로 먹고 싶은 것을 엄마에게 물어보는 상황
10. 아빠가 세차하는 것을 도와주는 상황
11. 엄마에게 학교 갈 때 어떤 옷을 입을지 묻는 상황
12. 지루하고 심심하다고 아버지께 말하는 상황
13. 생일인 친구에게 어떤 선물을 할지 친구와 의논하고 있는 상황
14. 친구와 게임을 하고 있는 상황
15. 친구에게 지금 게임을 할 수 없다고 말하는 상황
16. 친구를 집에 초대하는 상황
17. TV에서 무엇을 볼지 부모님과 의논하는 상황
18. 엄마에게 간식을 요청하는 상황
19. 형제자매와 엄마의 생일 선물로 무엇을 드릴지 의논하는 상황
20. 아빠에게 게임하는 방법을 알려 주는 상황
21. 엄마가 요리하는 것을 도와주고 있는 상황
22. 가족과 휴가 계획을 세우는 상황
23. 친구에게 주말에 놀이터에서 놀자고 전화하는 상황
24. 아파서 누워 있는 엄마에게 약과 물을 갖다주는 상황
25. 엄마에게 모자가 어디에 있는지 물어보는 상황

 TIP   치료사가 일상에서 편안한 상황을 제시하고, 치료사와 대상자가 역할을 바꾸어 가며 대화한다.

가족 및 친구 – 대화 8

● **주제**: 가족 및 친구

◆ **언어 단위**: 대화 8(말하기 과업: 불편한 상황에 대한 역할극 하기)

불편한 상황: 역할극 ▶

1. 집에 있는 아주 비싼 물건을 망가뜨렸다고 엄마에게 말하는 상황
2. 누가 먼저 장난감을 가지고 있었는지에 대해 누나와 싸우는 상황
3. 친구와 더 이상 놀기 싫다고 말하는 상황
4. 용돈을 올려 달라고 부모님을 설득하는 상황
5. 동생에게 귀찮게 하지 말라고 말하는 상황
6. 동생이 나에게 못되게 구는 것을 엄마에게 이르는 상황
7. 방을 청소하지 않은 이유를 부모님께 설명하는 상황
8. 저녁에 늦은 이유를 부모님께 설명하는 상황
9. 옷이 찢어진 것을 부모님께 설명하는 상황
10. 엄마에게 혼날 때 내가 하지 않았다고 설명하는 상황
11. 주말에 친구를 집으로 초대해도 되는지 허락을 받는 상황
12. 친구가 게임에서 규칙을 어겼다고 비난하는 상황
13. 친구가 다른 사람에게 비밀을 말했다고 비난하는 상황
14. 동생이 내가 가장 좋은 장난감을 망가뜨려서 화내는 상황
15. 거짓말을 하고 있지 않다고 부모님께 주장하는 상황
16. 애완동물을 키우도록 부모님께 허락을 구하는 상황
17. 부모님을 설득해서 친구들과 놀아도 되는지 허락을 구하는 상황
18. 아까 못되게 굴었던 친구에게 사과하는 상황
19. 형제자매에게 집안일을 하도록 설득하는 상황
20. 이웃집 마당에서 놀다가 이웃에게 사과하는 상황
21. 비디오 게임을 빌려달라고 친구에게 말하는 상황
22. 놀이터에서 우산을 잃어버린 상황
23. 감기에 걸렸는데, 아이스크림을 먹고 싶은 상황
24. 엄마를 도우려다가 그릇을 깨트린 상황
25. 친구에게 말을 더듬는 것에 대해 놀리지 말라고 말하는 상황

 TIP 치료사가 일상에서 불편한 상황을 제시하고, 치료사와 대상자가 역할을 바꾸어 가며 대화한다.

가족 및 친구 - 대화 9

● **주제**: 가족 및 친구

◆ **언어 단위**: 대화 9(말하기 과업: 주제에 대한 독백)

주제: 독백 ▶

1. 가장 친한 친구에 대해 이야기해 주세요.
2. 최근에 가족과 함께 보낸 즐거운 시간에 대해 이야기해 주세요.
3. 좋은 친구를 만드는 방법에 대해 이야기해 주세요.
4. 가장 좋아하는 비디오 게임에 대해 이야기해 주세요.
5. 좋아하는 음악과 가수에 대해 이야기해 주세요.
6. 최근에 본 TV 프로그램에 대해 이야기해 주세요.
7. 친구랑 싸웠던 일에 대해 이야기해 주세요.
8. 최근에 다녀온 여행에 대해 이야기해 주세요.
9. 부모님과 가장 크게 싸웠던 일에 대해 이야기해 주세요.
10. 침실을 어떻게 바꾸고 싶은지 이야기해 주세요.
11. 집안의 규칙에 대해 이야기해 주세요.
12. 가족의 하루에 대해 이야기해 주세요.
13. 좋아하는 게임의 규칙에 대해 이야기해 주세요.
14. 친구들과 싸웠을 때 화해하는 방법에 대해 이야기해 주세요.
15. 전화 통화를 할 때 느낌을 이야기해 주세요.
16. 이웃과 같이 사는 것을 좋아하는 이유에 대해 이야기해 주세요.
17. 가까운 곳에 사는 가족에 대해 이야기해 주세요.
18. 형제자매와 같은 방을 쓰기 싫은 이유에 대해 이야기해 주세요.
19. 하루만 어른이 된다면 무엇을 하고 싶은지 이야기해 주세요.
20. 말더듬에 대해 가족은 어떻게 말하는지 이야기해 주세요.
21. 내가 말을 더듬을 때 가족이 어떻게 도울 수 있는지 이야기해 주세요.
22. 심하게 말을 더듬었을 때 친구들이 어떻게 반응했는지 이야기해 주세요.
23. 언제 누구와 말을 가장 많이 하는지 그 이유를 이야기해 주세요.
24. 집 근처에서 가장 자주 가는 곳과 그 이유를 이야기해 주세요.
25. 친구가 오해를 하고 있을 때 어떻게 푸는지 방법을 이야기해 주세요.

 TIP 　치료사가 제시하는 주제에 대하여 30초 이상 말하도록 한다.

가족 및 친구 – 대화 10

● **주제**: 가족 및 친구

◆ **언어 단위**: 대화 10(말하기 과업: 주제 관련 대화)

주제: 대화 ▶

---

1. 신문이나 뉴스를 보면서 최근 화제

2. 가족의 생일 파티

3. 받고 싶은 선물

4. 영화나 만화 캐릭터

5. 크리스마스

6. TV 프로그램

7. 좋아하는 게임

8. 미래에 살고 싶은 집

9. 가족에 대해 상담 선생님과 면담

10. 친구와 여행

 TIP ① 치료사가 대화 상황에서 사용할 수 있는 주제를 제시한다. 대상자가 관심 있는 다른 주제를 정해도 되고, 독백 과업에서 사용한 주제로 대화를 해도 된다.
② 대상자가 자연스럽게 대화하도록 추가적인 질문이나 적절한 반응을 하며 대화를 한다.

가족 및 친구 – 대화 11

● **주제**: 가족 및 친구

◆ **언어 단위**: 대화 11(말하기 과업: 가상 전화)

전화하기 ▶

1. 친구에게 전화해서 놀러 가도 되는지 묻기
2. 친구에게 전화해서 밤에 같이 놀아도 되는지 묻기
3. 친구에게 전화해서 게임기를 빌릴 수 있는지 묻기
4. 친구에게 전화해서 새로 산 게임에 대해 묻기
5. 엄마에게 전화해서 친구와 놀아도 되는지 묻기
6. 부모님께 전화해서 친구 집에서 저녁 먹고 가도 되는지 묻기
7. 부모님께 전화해서 친구 집에서 밤새 놀아도 되는지 묻기
8. 친구에게 전화해서 주말 계획 세우기
9. 전화를 받고 아빠에게 전화를 받았다고 말하기
10. 부모님께 전화해서 데리러 와 달라고 부탁하기
11. 친구에게 전화해서 쇼핑 센터에서 만나자고 약속하기
12. 친구에게 전화해서 메시지 남기기
13. 부모님께 전화해서 집에 언제 오는지 묻기
14. 집에 전화해서 저녁 식사가 무엇인지 묻기
15. 집에 전화해서 우산을 가져와 달라고 부탁하기
16. 직장에 있는 엄마에게 전화해서 집에 돌아왔다고 말하기
17. 언니의 친구에게 전화해서 언니랑 놀고 있는지 물어보기
18. 친구에게 전화해서 가장 좋은 애완동물에 대해 논쟁하기
19. 평소에 통화하기 힘든 사람에게 전화하기
20. 누군가에게 전화를 걸고 일부러 말을 더듬기
21. 전화가 잘못 걸려 온 상대방에게 전화번호가 틀렸다고 말하기
22. 친구에게 전화해서 내일 뭐 할지 물어보기
23. 부모님께 전화해서 용돈을 보내 달라고 부탁하기
24. 동네 가게에 전화해서 주말에 영업을 하는지 물어보기
25. 학원에 전화해서 휴일에 수업을 하는지 물어보기

 TIP 전화기를 들고 가상으로 전화를 한다. 치료사가 상대자가 되어 응답하고, 역할을 바꾸어서 연습한다.

가족 및 친구 - 대화 12

● **주제**: 가족 및 친구
◈ **언어 단위**: 대화 12(말하기 과업: 실제 전화)

전화하기 ▶

1. 친구에게 게임을 성공하는 방법 물어보기

2. 친구에게 건전지를 살 수 있는 곳을 물어보기

3. 친구에게 학교에서 일어난 일을 물어보기

4. 엄마에게 물건이 어디 있는지 물어보기

5. 할머니께 잘 지내시는지 여쭤보기

6. 장난감이 있는지 매장에 전화해서 물어보기

7. 가게에 전화해서 장난감 가격을 물어보기

8. 전화를 잘못 걸고 사과하기

9. 전화를 잘못 걸고 번호가 ○○○-○○○○-○○○○인지 물어보기

10. 집에 없는 친구에게 전화를 걸어 메시지를 남기기

11. 친구에게 전화해서 다른 친구의 전화번호 물어보기

12. 친구에게 전화해서 언어치료실에서 무엇을 연습했는지 이야기하기

13. 가족이나 친구에게 전화해서 패스트푸드 주문하기

14. 가족이나 친구에게 전화해서 물건 빌리기

15. 가족에게 전화해서 데리러 와 달라고 요청하기

 TIP　① 먼저 가상으로 전화 역할극을 한다.
② 실제 전화로 여러 가지 역할을 수행한다. 대상자의 실제 환경에 따라 적절하게 주제를 수정하여 사용한다.

학교 – 단어 1

🍮 주제: 학교

◈ 언어 단위: 단어 1(그림)

⚡ TIP   대상자에게 명명하게 하거나 치료사의 음도와 강도로 단어를 모방하게 한다.

학교 – 단어 2

● **주제**: 학교

◈ **언어 단위**: 단어 2(일음절 단어)

일음절 단어 ▶

펜	책	풀	자
통	붓	칼	공
컵	종	키	문
벽	일	북	신
물	꽃	색	줄

TIP 대상자에게 명명하게 하거나 치료사의 음도와 강도로 단어를 모방하게 한다.

학교 – 단어 3

● **주제**: 학교
◆ **언어 단위**: 단어 3(다음절 단어)

다음절 단어 ▶

결석	교장	선생님	연필	종이
가위	칠판	도시락	가방	읽기
크레용	정답	서점	빼기	쓰기
숙제	음악	도서관	사무실	휴게실
급식실	지우개	학교	책상	시험
수학	체육관	미술	학년	학급

TIP 대상자에게 명명하게 하거나 치료사의 음도와 강도로 단어를 모방하게 한다.

학교 - 단어 4

● **주제:** 학교

◆ **언어 단위:** 단어 4(양자택일형 질문에 대한 단어)

양자택일형 질문: 단어 산출 ▶

1. 펜과 연필 중 주로 어느 것으로 글을 쓰나요?

2. 문구점에서 사용할 돈이 5,000원 있다면 종이와 크레용 중에 무엇을 사나요?

3. 펜을 사러 문구점에 간다면 파란색과 검은색 중 어떤 것을 선택하나요?

4. 과학 수업용 폴더를 구입해야 한다면 주황색과 녹색 중 어떤 것을 사나요?

5. 수학과 국어 중 어떤 숙제를 먼저 하나요?

6. 체육 수업 시간에 축구와 킥볼 중에 무엇이 하고 싶나요?

7. 점심으로 우유를 살 때 초코우유와 흰우유 중 무엇을 선택하나요?

8. 미술과 음악 중 어떤 수업을 좋아하나요?

9. 학용품을 담을 물건을 산다면 바인더와 백팩 중 어떤 것을 보나요?

10. 점심시간을 변경할 수 있다면 지금보다 '빨리'가 좋아요? '늦게'가 좋아요?

11. 외국어 수업으로 일본어와 중국어가 있다면 무엇을 선택할 건가요?

12. 읽기와 수학 중 어떤 과목을 더 좋아하나요?

13. 체육 선생님을 선택할 수 있다면 여선생님이 좋아요? 남선생님이 좋아요?

14. 여름방학이 끝나고 학기가 시작된다면 기분이 좋아요? 슬퍼요?

15. 선생님이 수학 문제를 풀라고 할 때 덧셈이 좋아요? 뺄셈이 좋아요?

16. 특별 활동 시간을 바꾼다면 체육 수업과 음악 수업 중 무엇으로 바꾸고 싶나요?

17. 오늘 학교 식당에서 생선이나 닭고기 중 무엇을 제공할 것 같나요?

18. 자습을 마쳐서 자유 시간이 주어진다면 읽기와 그리기 중 무엇을 하나요?

19. 아침에 국어와 수학 중 어떤 과목을 먼저 하고 싶나요?

20. 선생님이 학급 특별 선물을 준다면 사탕과 스티커 중에 무엇이 좋은가요?

21. 미술 수업 시간에 그림을 그린다면 크레용과 매직펜 중에 무엇이 좋은가요?

22. 줄을 선다면 첫 번째와 마지막 중 어디에 서나요?

23. 학부모 회의에 아빠와 엄마 중에 누가 참석하기를 원하나요?

24. 주말이 3일 있다면 월요일과 금요일 중에 어떤 요일에 쉬는 것이 좋은가요?

25. 음악과 미술 중 어떤 시간이 더 즐거운가요?

 TIP 치료사가 양자택일 질문을 하면 대상자는 두 단어 중에 하나를 선택하여 말한다.

학교 – 단어 5

🔴 **주제:** 학교

◈ **언어 단위:** 단어 5(범주어)

범주어 산출 ▶

범주어	하위어
1. 교실에 보이는 것	연필, 지우개, 칠판
2. 필기도구	마커펜, 분필, 크레용
3. 행정실에 가지고 갈 수 있는 것	돈, 약, 분실물
4. 미술 수업에서 사용하는 것	붓, 도화지, 물감
5. 학교 준비물	풀, 자, 폴더
6. 학교 도서관에 있는 것	사서, 책, 의자
7. 교무실에 있는 것	선생님, 책상, 서류철
8. 학교 체육관에 있는 것	배트, 로프, 텀블링 매트
9. 학교 식당에 있는 것	숟가락, 냅킨, 조리도구
10. 관리실에 있는 것	양동이, 세제, 수건
11. 읽는 것	신문, 팸플릿, 잡지
12. 책상 안에 있는 것	필통, 자, 돈
13. 선생님 책상 위에 있는 것	성적표, 출석부, 시험지
14. 같은 반 여학생들	(적절한 이름 제공)
15. 같은 반 남학생들	(적절한 이름 제공)
16. 방과 후 활동	보이스카우트, 걸스카우트, 스포츠
17. 현장 체험 장소	농장, 전시회, 연극
18. 학교 과목	사회, 보건, 작문
19. 통학버스에 있는 것	핸들, 운전기사, 타이어
20. 학교에서 일하는 사람들	관리인, 보건교사, 영양사
21. 학교 운동장에 있는 것	철봉, 트랙, 정글짐
22. 쉬는 시간에 하는 게임	축구, 킥볼, 술래잡기
23. 보건실에 있는 것	침대, 체온계, 붕대
24. 교사 이름	(적절한 이름 제공)
25. 학교 가방에 넣고 다니는 것	연필, 공책, 도시락

 ① 치료사가 범주를 말하면 대상자는 그 범주에 해당하는 것을 두 개 이상 말한다.
　　　② 치료사가 범주를 말하면 대상자는 그 범주에 해당되지 않는 것을 두 개 이상 말한다.
　　　③ 치료사가 범주에 해당하는 하위어를 세 개 말하면 대상자는 그 범주에 해당하는 단어를
　　　　한 개 이상 추가해서 말한다.

학교 - 단어 6

● **주제:** 학교

◆ **언어 단위:** 단어 6(문장에서 빠진 단어)

빠진 단어 산출 ▶

1. 학교에 가려면 _____를 타요.

2. 나는 _____로 써요.

3. 선생님이 _____과제를 주어요.

4. 필기하다가 실수를 하면 _____를 사용해서 지우고 다시 써요.

5. 나는 _____에서 점심을 먹어요.

6. 도서관에서 _____책을 빌려요.

7. 학교에서 당신은 _____에 앉아요.

8. 선생님은 _____로 칠판에 써요.

9. 쉬는 시간에 _____에 가요.

10. 집에 갈 때 _____에 소지품을 넣어요.

11. 연필이 _____할 때 연필깎이를 사용해요.

12. 수업을 담당하는 사람은 _____예요.

13. 수업 내용을 이해하지 못할 때는 _____을 들어요.

14. 교장선생님은 _____를 사용해서 말씀해요.

15. 몸이 _____때 보건실에 가요.

16. 학용품을 사야 할 때는 _____에 가요.

17. 무엇을 버려야 할 때는 _____에 넣어요.

18. _____을 배우기 위해 학교에 가요.

19. 학생들이 시끄럽게 이야기하고 있으면 선생님은 _____라고 말해요.

20. 도서관은 _____로 가득 차 있어요.

21. 수학 시간에 _____을 해요.

22. 관리인은 _____로 바닥을 깨끗하게 청소해요.

23. 언어치료사는 _____학생들과 함께해요.

24. 학교의 책임자는 _____예요.

25. 어떤 학생들은 _____을 다짐하며 하루를 시작해요.

🧭 **TIP** 　치료사가 미완성된 문장을 제시하면 대상자가 적절한 단어를 넣어서 문장을 완성한다.

학교 – 단어 7

● **주제:** 학교

◆ **언어 단위:** 단어 7(개인적 선호도에 대한 자발적 단어)

개인적 선호도 질문 ▶

1. 선생님이 수업 프로젝트를 위해 5명의 학생을 선택하라고 합니다. 누구를 선택하겠어요?

2. 선생님이 새 폴더 세 개를 사 오라고 합니다. 어떤 색상을 선택하겠어요?

3. 친구가 당신이 가장 좋아하는 과목 세 개를 나열하도록 요청합니다. 뭐라고 대답하나요?

4. 학급에서 기금 마련을 위해 판매할 항목을 결정하려고 합니다. 어떤 항목을 제안할까요?

5. 서점에 물건을 사러 갑니다. 무엇을 구매하겠어요?

6. 학교에서 기악 수업에 등록하고 싶습니다. 어떤 악기 연주를 하고 싶나요?

7. 프로젝트를 위해 미술 용품을 구매해야 합니다. 무엇을 사겠어요?

8. 집에 도시락을 두고 왔어요. 학교 식당에 무엇이 있으면 좋겠어요?

9. 가방을 잃어버렸어요. 그 안에는 어떤 것들이 있었나요?

10. 개학일에는 무엇을 가져오나요?

11. 학교 식당에서 특별 방문객의 날을 개최해요. 누구를 초대하고 싶나요?

12. 책상을 청소하고 있습니다. 어떤 낡은 물건을 버리고 싶나요?

13. 선생님이 학생들을 지도할 순서가 있는 메모지를 두고 왔습니다. 어떤 방식으로 순서를 정하는 것이 좋을까요?

14. 좋아하는 색상을 사용하여 프로젝트를 작성해야 합니다. 어떤 색상을 선택하나요?

15. 체육 선생님 체육관에서 할 수 있는 좋아하는 활동 목록을 작성하라고 합니다. 어떤 활동들을 하고 싶나요?

16. 참여율을 높이기 위해 상담 교사가 패스트푸드 쿠폰을 제공합니다. 어떤 쿠폰을 선택하고 싶나요?

17. 학급 파티를 합니다. 파티를 위해 어떤 간식을 준비하나요?

18. 선생님이 숙제를 나누어 줍니다. 세 가지를 선택한다면 무엇을 하고 싶나요?

19. 과학 박람회 프로젝트를 진행하고 있습니다. 로봇을 만들려면 어떤 아이템이 필요하나요?

20. 학교 행사 중 세 개에 등록해야 합니다. 어떤 행사에 등록하고 싶나요?

21. 수업 후 쉬는 시간에 어떤 활동을 하고 싶나요?

22. 학교에서 자율복을 입는 날입니다. 무엇을 입을 것인가요?

23. 선생님께 명절 선물을 드리고 싶어요. 당신은 무엇을 드리고 싶나요?

24. 체육 시간 이후에 놀이 기구를 가지고 올 수 있습니다. 무엇을 가지고 오고 싶나요?

25. 독서 그룹의 이름을 정해야 합니다. 어떤 이름이 좋을까요?

● **TIP** 치료사가 개인적 선호에 대한 질문을 하면 대상자가 단어로 말한다.

학교 - 구 1

● 주제: 학교

◆ 언어 단위: 구(그림)

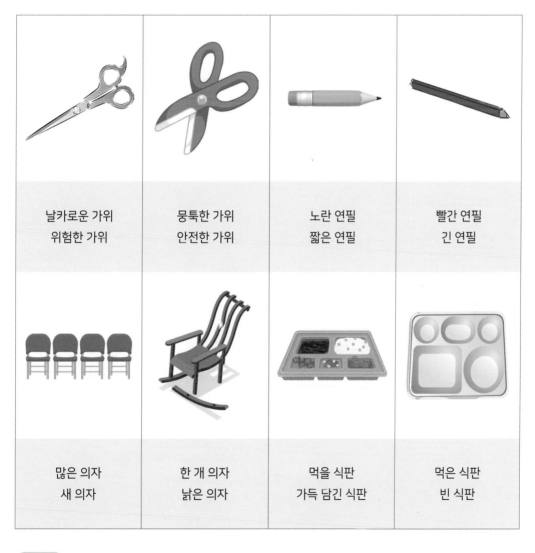

날카로운 가위 위험한 가위	뭉툭한 가위 안전한 가위	노란 연필 짧은 연필	빨간 연필 긴 연필
많은 의자 새 의자	한 개 의자 낡은 의자	먹을 식판 가득 담긴 식판	먹은 식판 빈 식판

 TIP   ① 치료사가 완성된 구를 모델링하고, 대상자가 모방한다.
　　　　② 치료사가 미완성된 구를 제시하고, 대상자는 단어를 추가하여 완성된 구를 산출한다.

학교 - 구 2

● **주제:** 학교

◈ **언어 단위:** 구 2(구 완성하기-①)

구 완성하기 ▶

1. _____책	2. _____책상
3. _____숙제	4. _____크레용
5. _____시험	6. _____연필
7. _____폴더	8. _____종이
9. _____선생님	10. _____학교
11. _____펜	12. _____교장선생님
13. _____수업	14. _____성적
15. _____분필	16. _____가위
17. _____바인더	18. _____스쿨버스
19. _____규칙	20. _____물감
21. _____친구	22. _____정답
23. _____교실	24. _____가방

🔊 **TIP**   ① 치료사가 완성된 구를 모델링하고, 대상자가 모방한다.
② 치료사가 미완성된 구를 제시하고, 대상자는 단어를 추가하여 완성된 구를 산출한다.

학교 - 구 3

● **주제**: 학교

◆ **언어 단위**: 구 3(구 완성하기-②)

구 완성하기 ▶

1. 과학 _____	2. 게임 _____
3. 버스 _____	4. 학년 _____
5. 지우개 _____	6. 책 _____
7. 숫자 _____	8. 성적 _____
9. 연필 _____	10. 크레용 _____
11. 폴더 _____	12. 성적표 _____
13. 수학 _____	14. 학교 _____
15. 정답 _____	16. 체육 _____
17. 종이 _____	18. 선생님 _____
19. 교무실 _____	20. 철자 _____
21. 도서관 _____	22. 책가방 _____
23. 숙제 _____	24. 보건실 _____

TIP ① 치료사가 완성된 구를 모델링하고, 대상자가 모방한다.
② 치료사가 미완성된 구를 제시하고, 대상자는 단어를 추가하여 완성된 구를 산출한다.

학교 - 구 4

● **주제:** 학교

◆ **언어 단위:** 구 4(양자택일형 질문에 구로 답하기)

양자택일 질문: 구 산출 ▶

1. 등교할 때 자가용이나 버스 중에 어떻게 오는 것이 좋은가요?
2. 선생님께서 앉고 싶은 곳에 앉으라고 한다면 앞쪽과 뒤쪽 중에 어디에 앉을 건가요?
3. 막대 사탕을 파는 것과 과일 바구니를 파는 것 중 어떤 모금행사에 더 참여하고 싶은가요?
4. 새로운 크레용이 필요하다면 12색 또는 24색 크레용 중에 어떤 것을 살까요?
5. 줄을 선다면 제일 앞과 제일 뒤 중에서 어디에 설 건가요?
6. 화재 대피 훈련을 하는 동안 건물의 앞쪽과 뒤쪽 중 어디로 나갈까요?
7. 점심을 싸 간다면, 도시락 가방(천으로 된)과 런치박스 중 뭐를 들고 싶어요?
8. 학교에서 받은 유인물을 폴더와 바인더 중에 어디에 넣어 가는 것이 좋아요?
9. 시험을 보는 동안 연필이 부러졌다면 그것을 깎나요? 아니면 새것을 꺼내나요?
10. 놀이터에서 가방을 주웠다면 선생님께 가져다드리나요? 사무실에 갖다주나요?
11. 어머니께서 학교에 연락할 일이 있다면 전화를 할까요? 메모를 보낼까요?
12. 집에서 해야 할 숙제가 많다면 책들을 직접 들고 가나요? 가방에 넣어 가나요?
13. 종이에 체크해야 할 것이 있다면 빨간색 펜과 빨간색 마커 중에 무엇으로 하나요?
14. 해야 할 숙제가 있다면 방과 후에 바로 하나요? 저녁 식사 후에 하나요?
15. 새 학년을 준비할 때 가방을 새로 사나요? 그전의 것을 그대로 사용하나요?
16. 점심시간에 친구와 이야기하고 싶다면 친구 옆에 앉나요? 맞은편에 앉나요?
17. 화재 대피 훈련을 하는 동안 손전등을 켜 놓나요? 끄나요?
18. 학교에서 아프다면 집에 전화를 하나요? 보건선생님(보건실)께 가나요?
19. 체육을 위해 새 실내 운동화를 산다면 끈이 있는 신발과 끈이 없는 신발 중 뭐가 좋아요?
20. 학급에서 파티를 한 번만 할 수 있다면 핼러윈 파티와 밸런타인데이 파티 중 뭐가 좋아요?
21. 필기를 할 때 연필과 볼펜 중 어떤 것이 좋아요?
22. 학급 전체가 우수상을 받았다면 파티를 하는 것과 영화를 보는 것 중 어떤 것이 좋아요?
23. 선생님께서 수학 시험을 친다고 할 때 아침과 점심 식사 후 중 언제가 좋은가요?
24. 학교 숙제를 잊고 못 했을 때 쉬는 시간에 하나요? 벌로 추가 과제를 더 받나요?
25. 체육대회를 할 때 실내체육관과 운동장 중에 어디가 좋아요?

🔊 **TIP** 치료사가 양자택일 질문을 하면 대상자는 하나를 선택하여 구로 답한다.

학교 - 구 5

● **주제:** 학교

◆ **언어 단위:** 구 5(팬터마임 보고 구로 말하기)

팬터마임 보고 구 산출하기 ▶

1. 큰 소리로 책을 읽는 선생님
2. 성적표에 성적을 매기고 있는 선생님
3. 칠판을 지우고 있는 선생님
4. 칠판에 쓰고 있는 선생님
5. 질문에 답하기 위해 손을 들고 있는 학생
6. 연필을 깎고 있는 학생
7. 활동지에 색칠하고 있는 학생
8. 가위로 자르고 있는 학생
9. 방에서 창문을 열고 있는 학생
10. 코트를 벗어서 걸고 있는 학생
11. 식수대에서 물을 마시고 있는 학생
12. 피아노를 연주하는 선생님
13. 어떻게 색칠하는지 보여 주고 있는 선생님
14. 복도를 쓸고 있는 관리인
15. 껌을 씹고 있는 학생
16. 보고서를 작성하고 있는 교직원
17. 전화를 받고 있는 교직원
18. 유인물을 나눠 주고 있는 선생님
19. 학교 식당에서 식판을 들고 줄 서서 기다리는 학생
20. 호루라기를 불고 있는 체육 선생님
21. 학급에서 야단치고 있는 선생님
22. 책가방을 벗어서 내려 두는 학생
23. 체육 시간에 운동을 하고 있는 학생
24. 출석을 확인하고 있는 선생님
25. 책상에서 책을 꺼내고 있는 학생

 TIP ① 치료사가 팬터마임을 제시하고, 대상자는 짧은 구로 말한다.
② 대상자가 쉽게 추측하도록 가능한 많은 정보를 제공하고, 필요하면 구어 단서를 제공한다.

학교 – 구 6

● **주제:** 학교

◆ **언어 단위:** 구 6(제시 문장 유추해서 구 말하기)

문장 유추하여 구 산출 ▶

1. 시내에 가기 위해서 버스를 타지만, 학교에 가기 위해 _____ 탄다.
2. 책을 사러 서점에 가지만 _____ 도서관에 간다.
3. 수업을 하기 위해 교실에 가지만 _____ 위해 운동장에 간다.
4. 칠판은 검은색이지만 접착제는 _____.
5. 침대에 눕지만 _____에 앉는다.
6. 학교 체육관은 학교 내에 있지만 운동장은 _____에 있다.
7. 미술 시간에 그림을 그리지만 음악 시간에는 _____을 한다.
8. 연필로 쓰지만 _____로 색칠한다.
9. 종이에는 연필로 쓰지만 칠판에는 _____로 쓴다.
10. 지도는 납작하지만 지구본은 _____.
11. 학용품을 위해서 서점을 가지만 _____ 위해서 식당에 간다.
12. 고기는 나이프로 자르지만 종이는 _____로 자른다.
13. 음식은 도시락에 담지만, 책은 _____에 담는다.
14. 의사는 병원에서 일하지만 선생님은 _____에서 일한다.
15. 철자는 단어로 학습하지만 수학은 _____로 학습한다.
16. 시험 결과 'D'는 낮은 점수지만, 'A'는 _____.
17. 운동장에서 소리를 질러도 되지만 도서관에서 _____.
18. 수업은 학교에서 하지만 숙제는 _____에서 한다.
19. 자는 길지만 크레용은 _____.
20. 하드커버지 책은 무겁지만 페이퍼백 책은 _____.
21. 종이에 연필로 쓰지만 지울 때는 _____로 한다.
22. 리더는 줄의 제일 앞쪽에 서지만 나머지는 _____에 선다.
23. 학교 일과가 시작되면 수업을 시작하는 벨이 울리지만 학교 일과가 끝나면 _____벨이 울린다.
24. 체중을 잴 때는 체중계를 사용하지만 _____를 위해 줄자를 사용한다.
25. 월요일부터 금요일까지는 학교에 가지만 토요일과 일요일은 _____ 있다.

🖋 **TIP**   치료사가 미완성된 문장을 제시하면 대상자가 적절한 단어를 넣어서 문장을 완성한다.

학교 - 구 7

● **주제**: 학교

◆ **언어 단위**: 구 7(문장에서 빠진 구)

빠진 구 산출 ▶

1. 도서관이 벌써 문을 닫았기 때문에 나는 _____ _____

2. 점심을 먹기 위한 충분한 돈이 없었기 때문에 나는 _____ _____

3. 선생님이 교실에서 참을성을 잃었을 때 그는 _____ _____

4. 숙제를 찾을 수 없었을 때 나는 _____ _____

5. 나는 학교에 도착하자마자 _____ _____

6. 내가 버스를 놓쳤을 때 엄마는 _____ _____

7. 내가 수학 문제를 잘 이해하지 못했기 때문에 선생님은 _____ _____

8. 교실이 너무 시끄러울 때 선생님은 _____ _____

9. 시험 치기 전에 선생님은 우리에게 _____ _____를 말씀하신다.

10. 시험을 치는 동안 연필이 부러져서 나는 _____ _____

11. 내 친구가 과제를 모두 끝낼 수 없었기 때문에 그는 _____ _____

12. 운동장에서 모두 _____ _____

13. 학교 가는 길에 두 명의 남자아이가 _____ _____

14. 교실 안이 너무 더웠기 때문에 선생님은 _____ _____

15. 현장학습에서 학급 전체는 _____ _____

16. 선생님이 나가셨을 때 교실은 _____ _____

17. 학교 식당에서 반장들은 _____ _____

18. 성적표에 좋은 성적을 받았을 때 아빠는 _____ _____

19. 스쿨버스의 타이어가 펑크가 났을 때 운전기사는 _____ _____

20. 체육 수행 평가에서 학급 전체가 'A'를 받았기 때문에 선생님은 _____ _____

21. 교내에서 내가 제일 좋아하는 선생님을 볼 때마다 나는 _____ _____

22. 교실에서 다른 학생이 나를 계속해서 괴롭힐 때 나는 _____ _____

23. 상담교사가 나를 상담실로 불렀을 때 나는 _____ _____

24. 학교에서 집으로 돌아왔을 때 가끔씩 나는 _____ _____

25. 학교 마지막 날 교장선생님은 우리에게 _____ _____

⚡ **TIP**　치료사가 미완성된 문장을 제시하면 대상자가 두 단어 이상 구를 넣어서 문장을 완성한다.

학교 - 구 8

● **주제**: 학교

◈ **언어 단위**: 구 8(질문에 구로 답하기)

질문: 구 산출 ▶

1. 버스를 놓칠 만한 이유는 어떤 것이 있을까요?
2. 숙제를 깜빡했을 때 할 수 있는 변명은 어떤 것이 있을까요?
3. 학교에 지각을 했을 때 할 수 있는 변명은 어떤 것이 있을까요?
4. 연필이 부러진 이유는 어떤 것이 있을까요?
5. 선생님께서 아프실 때 생길 수 있는 변화는 어떤 것이 있을까요?
6. 점심 식사할 돈을 가져오는 것을 잊었을 때 할 수 있는 일은 어떤 것이 있을까요?
7. 교실에서 너무 시끄럽게 말을 하면 어떤 일이 일어날 수 있을까요?
8. 하루의 해야 할 학습량을 끝내지 못할 이유는 어떤 것이 있을까요?
9. 친구가 운동장에서 다쳤다면 무엇을 해야 할까요?
10. 소방 훈련을 받을 때 할 일들은 무엇이 있나요?
11. 학급 회의를 할 때 무엇을 하나요?
12. 시험에서 커닝을 하다가 잡히면 어떤 일이 벌어질까요?
13. 복도를 뛰어다니다가 선생님께 불려 가면 어떤 변명을 할 수 있나요?
14. 학교에서 아프면 어떻게 하나요?
15. 칠판이 안 보인다면 어떻게 하나요?
16. 가방을 잃어버렸다면 찾기 위해서 할 수 있는 것은 무엇일까요?
17. 도서관에 연체된 책이 있다면 사서에게 할 수 있는 변명은 어떤 것이 있을까요?
18. 선생님께서 교실을 떠나야만 했을 이유는 어떤 것이 있을까요?
19. 학급이 파티를 할 수 있을 이유는 어떤 것이 있을까요?
20. 학교의 사무원이 하는 일은 어떤 것이 있을까요?
21. 학급 담임 선생님이 하는 일은 어떤 것이 있을까요?
22. 반 친구가 울었다면 그 이유는 어떤 것이 있을까요?
23. 미술 시간에 할 수 있는 일은 어떤 것이 있을까요?
24. 체육 시간에 할 수 있는 일은 어떤 것이 있을까요?
25. 도서관 책을 대출하려면 어떻게 해야 할까요?

TIP 치료사가 질문을 하면 대상자는 두 단어 이상의 구로 답하도록 한다.

학교 – 문장 1

● **주제**: 학교

◆ **언어 단위**: 문장 1(그림)

친구들이 같이 공부해요.	선생님이 교실에서 수업을 해요.	과학실에서 실험을 해요.
체육대회에 줄다리기를 해요.	학생들이 교실 청소를 해요.	학생들이 친구들 앞에서 발표를 해요.

 TIP　① 치료사가 각 문장을 말하면 대상자는 그대로 따라 말한다.
　　② 치료사가 문장의 앞부분을 제시하면 대상자가 결과를 넣어 완전한 문장으로 말한다.
　　③ 치료사가 오류 문장을 제시하면 대상자가 의미적으로 맞게 문장을 수정해서 말한다.

학교 - 문장 2

🔴 **주제:** 학교

◈ **언어 단위:** 문장 2(문장 따라 말하기)

문장 산출하기 ▶

1. 저 여기요.	21. 점심으로 무엇을 먹을까요?
2. 결석이에요.	22. 화장실에 가도 될까요?
3. 이름이 뭐지요?	23. 물이 필요해요.
4. 도움이 필요해요.	24. 나의 수학 책을 찾을 수 없어요.
5. 내 차례야.	25. 그는 내 앞에서 자르려고 해요.
6. 친구가 나를 괴롭혀요.	26. 내 차례는 언제인가요?
7. 기분이 좋지 않아요.	27. 제가 이제 이 줄의 대표인가요?
8. 질문이 있어요.	28. 오늘은 무엇을 할까요?
9. 너무 쉬웠어요.	29. 이 보고서는 어떻게 하는지 모르겠어요.
10. 이것을 할 수 없어요.	30. 아직 점심 먹으러 갈 시간이 아닌가요?
11. 나는 그렇게 하지 않았어요.	31. 이 종이를 어디에 둘까요?
12. 지금 몇 시예요?	32. 오늘 체육 수업은 밖에서 했으면 좋겠어요.
13. 시험에서 몇 점을 받았나요?	33. 어떻게 하는지 보여 주실 수 있나요?
14. 방금 뭐라고 했어요?	34. 시작하기 전에 서점에 가도 되나요?
15. 연필을 깎아도 될까요?	35. 쉬는 시간에 나랑 놀래?
16. 숙제를 찾을 수가 없어요.	36. 사무실로 가져가도 될까요?
17. 연필 좀 빌려도 될까요?	37. 우리는 방송국으로 견학을 갈 건가요?
18. 오늘이 발표하는 날인가요?	38. 엄마에게 전화하려면 사무실에 가야 해요.
19. 버스를 거의 놓칠 뻔했어요.	39. 방과 후에 무엇을 할 예정인가요?
20. 책을 학교에 두고 왔어요.	40. 선생님이 오늘 너무 많은 숙제를 주셨어요.

🔵 **TIP** 치료사가 각 문장을 말하면 대상자는 그대로 따라 말한다.

학교 – 문장 3

🍡 **주제:** 학교

◈ **언어 단위:** 문장 3('만약 ~라면'에 대한 문장 완성하기)

'만약 ~라면' 문장 산출 ▶

1. 아침에 통학버스를 놓치면…….
2. 수학 숙제를 잊었다면…….
3. 학교에 늦게 오면…….
4. 연필심이 계속 부러지면…….
5. 음악 선생님이 아프면…….
6. 도시락을 살 돈이 없다면…….
7. 자리를 지키지 않으면…….
8. 독서 모임에서 이야기를 하면…….
9. 체육 시간에 다치면…….
10. 시험에서 부정행위를 하다 걸리면…….
11. 선생님이 말씀하시는 내용을 이해하지 못한다면…….
12. 보고서에 있는 단어의 철자를 모른다면…….
13. 난간을 미끄러져 내려오다 적발되면…….
14. 학교 화재경보기가 울리면…….
15. 칠판에 글씨가 안 보이면…….
16. 학급 친구 중 한 명이 계속 귀찮게 한다면…….
17. 오후 학교 버스에 가방을 두고 내리면…….
18. 학교에서 두통이 심하면…….
19. 학교 맞춤법 대회에서 우승하면…….
20. 학교에 다니는 동안, 결석을 한 번도 안 한다면…….
21. 운동회에서 1등을 하면…….
22. 아버지께서 어느 날 학교에서 함께 점심을 먹고 싶다고 말씀한다면…….
23. 학생회 선거에서 이기면…….
24. 화장실에 있을 때 화재경보기가 울리면…….
25. 도서관에서 책을 찾을 수 없다면…….

🔌 **TIP** 치료사가 만약 문장의 앞부분을 제시하면 대상자가 결과를 넣어 완전한 문장으로 말한다.

학교 – 문장 4

🔴 **주제**: 학교

◆ **언어 단위**: 문장 4(오류 문장 수정해서 다시 말하기)

오류 문장 수정해서 말하기 ▶

1. 학급 생일 파티에서 우리는 맛있는 <u>김치</u>를 먹었습니다.
2. 내 <u>옷가방</u>은 학교에 갈 책들로 가득 차 있었다.
3. 숙제를 색칠하기 위해 빨간 <u>칫솔</u>을 사용했습니다.
4. 저녁식사 후에 우리 학급은 잠시 휴식 시간을 가졌습니다.
5. 우리는 <u>수학</u> 공부를 위해 맞춤법 책을 꺼냈습니다.
6. 선생님은 <u>연필</u>로 칠판에 글을 쓰셨습니다.
7. 우리는 <u>체육수업</u>을 위해 도서관에 갔다.
8. 우리 선생님은 답을 알면 <u>발</u>을 들라고 하셨습니다.
9. <u>가위</u>로 그림을 그렸습니다.
10. 교장선생님은 새 <u>잠옷</u>을 입고 등교했다.
11. 가방이 <u>비어</u> 있어서 들고 다니기 힘들었습니다.
12. <u>미술</u> 시간이 되자 우리는 지갑을 꺼냈다.
13. <u>밥</u>은 버스를 놓쳤기 때문에 학교에 일찍 갔다.
14. 소방 훈련 중 안전을 위해 모든 학생들이 <u>실내</u>로 들어갔다.
15. 날씨가 <u>화창해서</u> 학교가 취소되었습니다.
16. <u>책</u>을 싸서 도시락 가방에 넣었다.
17. <u>특별히</u> 선생님은 우리에게 추가 작업 시간을 주셨습니다.
18. 우리 반이 너무 시끄러워서 선생님이 우리에게 <u>크게</u> 말하게 하셨다.
19. 졸업여행에 나는 <u>앵무새</u>를 가지고 갔다.
20. 버스 기사가 새 <u>트레일러</u>로 우리를 학교에 데려다주었습니다.
21. 선생님은 우리가 특별한 영상을 잘 <u>들을 수</u> 있도록 불을 껐다.
22. 집에 갈 시간이 되면 교장선생님께서 <u>아침</u> 방송을 한다.
23. 구내식당 직원들이 우리 점심 접시 밑에 특별한 밸런타인 쿠키를 놓았다.
24. 상담 교사는 눈 오는 날 따뜻한 <u>샌들</u>을 신는 것을 좋아합니다.
25. 학교 조회에서 1학년 반은 다른 모든 학년의 반보다 <u>키가 컸다.</u>

 TIP ① 치료사가 오류 문장을 제시하면 대상자가 그대로 따라 말하고 잘못된 부분을 찾는다.
② 대상자가 의미적으로 맞게 문장을 수정해서 말한다.

학교 – 문장 5

🐟 **주제:** 학교

◆ **언어 단위:** 문장 5(같은 점과 다른 점 말하기)

같은 점과 다른 점 말하기 ▶

1. 초등학교–고등학교	2. 펜–연필
3. 종이–칠판	4. 선생님 책상–학생 책상
5. 교사–교장	6. 미술–음악
7. 자–삼각자	8. 스테이플러–풀
9. 지도–지구본	10. 체육관–도서관
11. 책–잡지	12. 풀–접착제
13. 국어–수학	14. 가위–칼
15. 크레용–물감	16. 분필–펜
17. 급식실–매점	18. 스쿨버스–자동차
19. 폴더–바인더	20. 도시락–도시락 가방
21. 가방–지갑	22. 교사–학생
23. 숙제–수업	24. 지각–결석

⊘ **TIP** 대상자는 치료사가 제시하는 두 단어가 어떻게 같고, 어떻게 다른지 문장으로 설명한다.

학교 – 문장 6

● **주제:** 학교

◆ **언어 단위:** 문장 6(가상 상황에 대해 말하기)

가상 상황에서 말하기 ▶

1. 통학버스를 놓쳤어요.
2. 점심값을 집에 두고 왔어요.
3. 친구가 점심시간에 옆에 앉자고 해요.
4. 목이 아파서 학교에 가기 싫어요.
5. 늦잠을 자서 지각했어요.
6. 숙제하는 것을 잊었어요.
7. 복도에서 작년 담임 선생님을 만나요.
8. 선생님이 엄마가 쓴 쪽지를 읽어 주기를 원해요.
9. 안전 순찰대가 뛰지 말라고 해요.
10. 선생님께 빌린 연필을 돌려드려요.
11. 선생님이 말씀하신 내용을 이해하지 못했어요.
12. TV 방송 볼륨이 너무 작아요.
13. 엄마가 학교에서 집에 몇 시에 올지 물어요.
14. 아빠가 점심에 무엇이 먹고 싶은지 물어요.
15. 학급에서 갈 견학에 대한 부모동의서에 부모님이 서명을 해야 돼요.
16. 부모님을 선생님께 소개하고 싶어요.
17. 급우 중 한 명이 철자 책을 가져간 것 같아요.
18. 수업 시간에 떠든 것에 대해 선생님으로부터 야단을 들어요.
19. 선생님은 아침에 학생이 책상 위에 올려놓은 보고서를 찾을 수 없어요.
20. 운동장에서 넘어져서 다리를 다쳤어요.
21. 수학 시험지를 받지 못했어요.
22. 친구가 방과 후에 집에 와서 놀자고 해요.
23. 선생님께 누군가가 당신의 보고서를 복사하고 있다고 말씀드려야 해요.
24. 교장선생님은 당신이 왜 복도에 서 있는지 이유가 궁금해요.
25. 보건교사는 당신이 왜 보건실에 왔는지 이유를 물어요.

TIP 치료사는 가상의 상황을 제시하고, 대상자는 상황에서 어떻게 할지 문장으로 말한다.

학교 – 문장 7

● **주제:** 학교

◆ **언어 단위:** 문장 7(문장 완성하기)

문장 완성하기 ▶

1. 개학 첫날…….

2. 버스를 타고 학교에 가는 동안…….

3. 오늘 아침 교실에 들어가기 전에…….

4. 담당 선생님 대신 다른 선생님이 오셨을 때…….

5. 소방 훈련 중…….

6. 학교 건물에 불이 꺼지자…….

7. 학교 조회 중에…….

8. 과학 박람회 프로젝트를 위하여…….

9. 우리가 특별한 미술 프로젝트를 진행했을 때…….

10. 수업에 지각해서…….

11. 성적표를 집에 가져갔을 때…….

12. 추운 날 학교 히터가 고장 났을 때…….

13. 반 친구들과 견학을 가는데…….

14. 맞춤법 검사를 할 때…….

15. 어제 방과 후에…….

16. 서점에 갔을 때…….

17. 교장실로 불려 갔을 때…….

18. 학교에서 아파서…….

19. 밤에 20센티미터 눈이 내리면…….

20. 우리 통학버스가 버스정류장에 안 오면…….

21. 운동장에서…….

22. 점심시간에…….

23. 문구점에 노트가 다 팔려서…….

24. 학교 조회에서 의자가 부족할 때…….

25. 수업 마지막 날…….

 TIP 치료사는 미완성 문장을 제시하고, 대상자는 자연스럽게 문장을 마무리한다.

학교 – 대화 1

● 주제: 학교

◈ 언어 단위: 대화 1(그림 장면 설명하기-급식실 상황)

영양사가 국을 담아 주려고 해요.

학생이 식판을 들고 반찬을 받아요.

선생님이 차례를 지키도록 도와주고 계세요.

식판을 들고 자리를 찾아요.

친구가 급식을 먹어요.

식탁 가운데에 가림막이 있어요.

💡TIP   치료사가 그림 장면을 제시하고, 장면에 대하여 설명하게 한다. 대상자의 발화가 짧거나 간단하면 장면과 관련된 질문을 한다. 대상자가 자연스럽게 대화하도록 추가적인 질문을 하거나 대상자의 말에 적절한 반응을 하며 대화를 한다.

학교 – 대화 2

🐧 **주제:** 학교

◈ **언어 단위:** 대화 2(그림 장면 설명하기-교실 상황)

친구가 발표를 해요.

선생님이 발표하는 학생을 바라보며 긍정적인 반응을 하고 있어요.

학생들이 책을 보면서 발표를 듣고 있어요.

칠판이 여러 개 있어요.

학생들이 모두 열심히 공부하는 것 같아요.

TIP 치료사가 그림 장면을 제시하고, 장면에 대하여 설명하게 한다. 대상자의 발화가 짧거나 간단하면 장면과 관련된 질문을 한다. 대상자가 자연스럽게 대화하도록 추가적인 질문을 하거나 대상자의 말에 적절한 반응을 하며 대화를 한다.

학교 – 대화 3

🐽 **주제**: 학교

◈ **언어 단위**: 대화 3(말하기 과업: 사물 설명하기)

사물 설명하기 ▶

1. 지우개	2. 학교 건물
3. 펜	4. 연필
5. 매직펜	6. 크레용
7. 자	8. 책상
9. 성적표	10. 지구본
11. 지도	12. 책
13. 칠판	14. 풀
15. 스테이플러	16. 급식실
17. 체육관	18. 스쿨버스
19. 분필	20. 가위
21. 가방	22. 도시락
23. 폴더(파일)	24. 도서관

🔧 **TIP** 대상자는 치료사가 제시하는 단어에 대해 문장으로 설명한다.

학교 - 대화 4

● **주제**: 학교

◆ **언어 단위**: 대화 4(말하기 과업: 활동 설명하기)

활동 설명하기 ▶

1. 학교 갈 준비하기
2. 통학버스 타기
3. 학교 급식 먹기
4. 연필 깎기
5. 종이를 반으로 자르기
6. 정수기에서 물 마시기
7. 교실 창문 열기
8. 칠판 지우기
9. 도서관 책 대출하기
10. 미술 시간에 그림 그리기
11. 바인더에 종이 넣기
12. 두 장의 종이를 같이 붙이기
13. 자로 직선 그리기
14. 교실에서 강당으로 이동하기
15. 학교 도시락 싸기
16. 등교 전 가방 싸기
17. 소방 훈련하기
18. 철자 맞히기 게임하기
19. 교실에서 교무실로 가는 길
20. 서점에서 물건 사기
21. 교실에 있는 식물에 물 주기
22. 몸이 좋지 않을 때 집에 가도 되는지 허락받기
23. 음악실에 들어가기 위해 줄 서기
24. 우유 상자 열기
25. 받아쓰기 시험 보기

TIP 치료사가 활동을 제시하고, 대상자는 활동을 어떻게 수행하는지 순서대로 설명한다.

학교 - 대화 5

● **주제:** 학교

◆ **언어 단위:** 대화 5(말하기 과업: 주제에 대해 대답하기와 질문하기)

대답하기와 질문하기 ▶

1. 초등학교 이름
2. 선생님의 이름
3. 수업 시작 시간
4. 등교 시간
5. 교장선생님 이름
6. 좋아하는 과목
7. 가장 싫어하는 과목
8. 학교 마스코트 이름
9. 학교 건물 색깔
10. 좋아하는 선생님의 이름
11. 학교 언어치료사의 이름
12. 통학 방법
13. 교실에서 앉은 자리
14. 학교에 대한 느낌
15. 교실 위치
16. 매점 메뉴에서 가장 좋아하는 것
17. 학교에서 일어난 재미있는 일
18. 놀이터에서 하는 활동
19. 과학 수업을 위해 수행하는 프로젝트
20. 학교 상담교사의 이름
21. 서점에서 사고 싶은 물건
22. 도서관에서 빌리고 싶은 책
23. 가장 가까운 고등학교 이름
24. 발표에 대한 느낌
25. 학교에서 가장 친한 친구의 이름

TIP ① 치료사가 하나의 주제에 대해 질문을 하면 대상자가 대답한다.
② 치료사가 제시하는 주제에 대하여 대상자가 질문을 하게 한다.

학교 – 대화 6

● **주제:** 학교

◆ **언어 단위:** 대화 6(말하기 과업: 가상 상황에서 질문하기)

가상 상황: 질문하기 ▶

1. 도서관에서 읽고 싶은 책을 찾을 수 없어요.
2. 수업 중에 화장실에 가야 해요.
3. 학교에서 몸이 좋지 않아요.
4. 친구에게 연필을 빌려야 해요.
5. 학교에서 집까지 어떤 버스를 타야 할지 몰라요.
6. 점심을 사 먹으려면 5천 원을 빌려야 해요.
7. 같은 반 친구의 이름을 기억하지 못해요.
8. 미술 수업이 언제인지 알고 싶어요.
9. 체육관에 가는 방법을 몰라요.
10. 학교에서 견학 가는 곳을 알고 싶어요.
11. 학교 급식 메뉴가 무엇인지 몰라요.
12. 매점에서 초코우유를 파는지 몰라요.
13. 방금 선생님이 말씀하신 내용을 이해하지 못해요.
14. 시험 중에 연필을 깎아야 해요.
15. 체육 수업이 끝나면 물을 마시고 싶어요.
16. 교실이 너무 더워서 창문을 열어도 되는지 알고 싶어요.
17. 누군가 계속 귀찮게 해서 책상을 다른 곳으로 옮기고 싶어요.
18. 수학 시험이 언제인지 알아야 해요.
19. 학급 단체 사진 비용이 얼마인지 알아야 해요.
20. 체육 대회가 언제인지 알아야 해요.
21. 분실물이 어디에 있는지 몰라요.
22. 어떤 방향을 반복하기 위해 선생님이 필요해요.
23. 교무실에 어떻게 가는지 알고 싶어요.
24. 숙제 제출을 늦추는 것에 대하여 선생님께 허락을 구해야 해요.
25. 학급 단체 사진을 위해 무엇을 입을지 알아야 해요.

🔋 **TIP**   치료사가 가상 상황을 제시하고, 대상자는 가상 상황과 관련된 질문을 한다.

학교 – 대화 7

● 주제: 학교

◆ 언어 단위: 대화 7(말하기 과업: 편안한 상황에 대한 역할극 하기)

편안한 상황: 역할극 ▶

1. 교사가 칠판을 지우는 데 도움이 필요한지 묻는 상황

2. 오늘 반에 특별한 일이 있는지 선생님께 묻는 상황

3. 급식실에서 친구와 학교 급식에 대해 이야기하고 있는 상황

4. 운동장에서 친구와 운동회 행사에 대해 이야기하는 상황

5. 서점에 가서 학용품을 구입하는 상황

6. 운동장에서 주운 재킷을 사무실에 가져다주는 상황

7. 학교 도서관에서 책을 대출하는 상황

8. 미술 교사에게 하고 싶은 특별한 활동에 대해 말하는 상황

9. 학교 매점에서 간식을 사는 상황

10. 반에 새로 온 학생과 대화하는 상황

11. 겨울방학을 마치고 돌아온 첫날 선생님과 만난 상황

12. 학급 규칙이 무엇이어야 하는지에 대해 교사와 학생이 토론하는 상황

13. 학년 말에 선생님께 감사의 마음을 표현하는 상황

14. 급우에게 숙제를 알려 달라고 부탁하는 상황

15. 급우가 점심 메뉴가 무엇인지 묻는 상황

16. 같은 반 친구에게 방과 후에 놀자고 말하는 상황

17. 부모님께 학교에서 특별 부모 상담이 있다고 이야기하는 상황

18. 교사가 보고서를 잘한 학생을 칭찬하는 상황

19. 학급 견학에 필요한 특별한 것을 부모님께 말씀드리는 상황

20. 학용품 살 돈이 필요하다고 부모님께 말씀드리는 상황

21. 부모님께 점심 도시락에 무엇을 싸면 좋을지 이야기하는 상황

22. 오늘 집에 갈 때 학교 버스를 타지 않는다고 버스 기사에게 말하는 상황

23. 어제 버스에 두고 내린 악기를 찾았는지 버스 기사에게 묻는 상황

24. 소방 훈련 동안 해야 할 활동에 대해 묻는 상황

25. 학급 파티에 어떤 음식을 가져올지 선생님께 묻는 상황

🔊 TIP 치료사가 일상에서 편안한 상황을 제시하고, 치료사와 대상자가 역할을 바꾸어 가며 대화한다.

학교 – 대화 8

🏐 **주제**: 학교

◈ **언어 단위**: 대화 8(말하기 과업: 불편한 상황에 대한 역할극 하기)

불편한 상황: 역할극 ▶

1. 교사가 시험에서 부정행위를 했다고 야단치는 상황
2. 교사가 다른 학생의 점심값을 가져갔는지 묻는 상황
3. 다른 학생이 과제가 무엇인지 물어서 설명하는데 선생님이 수업 시간에 말하는 것에 대해 질책하는 상황
4. 시험에서 낮은 점수를 받은 것에 대해 부모님께 전화하지 말라고 부탁드리는 상황
5. 숙제를 제출하지 않은 것에 대한 선생님의 질책에 왜 숙제를 못했는지 설명해야 하는 상황
6. 수업을 방해한 것에 대해 교사에게 사과하는 상황
7. 선생님께 말대꾸를 해서 교무실로 보내졌다고 교장선생님께 설명해야 하는 상황
8. 학생이 쓴 최고의 책으로 상을 받았기 때문에 교장실에 가야만 하는 상황
9. 왜 그렇게 오랫동안 결석했는지 상담교사에게 설명하는 상황
10. 게임에 대해 다른 학생과 논쟁을 벌이는 상황
11. 다른 학생에게 엎질러진 우유를 밟지 말라고 경고하는 상황
12. 항상 나를 괴롭히는 학생과 대면한 상황
13. 오늘 밤 숙제를 주지 말라고 선생님을 설득하는 상황
14. 교사에게 보드 작업에 대한 지시 사항을 다시 설명해 달라고 요청하는 상황
15. 학급 불량배와 부딪혀 점심 식판을 떨어뜨리게 한 것에 대해 사과하는 상황
16. 형편없는 성적표에 대해 부모님과 이야기하는 상황
17. 너무 아파서 학교에 갈 수 없다고 부모님을 설득하는 상황
18. 두 명의 학생이 화장실에서 싸우고 있다고 교사에게 알리는 상황
19. 선생님이 숙제를 찾지 못했는데도 숙제를 제출했다는 것을 증명하는 상황
20. 수업에 지각한 이유를 선생님께 말하는 상황
21. 부모님이 학교에 일찍 데리러 오는 이유를 선생님께 말하는 상황
22. 연필을 돌려달라고 친구에게 말하는 상황
23. 왜 언어치료를 받으러 가야 하는지를 급우들에게 말하는 상황
24. 언어치료에서 수행한 활동에 대하여 선생님께 말하는 상황
25. 언어 문제를 해결하기 위해 자신이 할 수 있는 일에 대해 부모에게 말하는 상황

 TIP 치료사가 일상에서 불편한 상황을 제시하고, 치료사와 대상자가 역할을 바꾸어 가며 대화한다.

학교 - 대화 9

🐾 **주제**: 학교

◆ **언어 단위**: 대화 9(말하기 과업: 주제에 대한 독백)

주제: 독백 ▶

1. 학교에 관해서, 그리고 학교의 가장 좋은 점에 대해 말해 보세요.
2. 가장 좋아하는 선생님은 누구인지, 그리고 가장 좋아하는 이유가 무엇인지 말해 보세요.
3. 학급에서 최근에 다녀온 견학에 대해 말해 보세요.
4. 일상적인 학교생활에 대해 말해 보세요.
5. 학교에서 공부하는 다양한 과목에 대해 말해 보세요.
6. 방과 후에 하는 일에 대해 말해 보세요.
7. 학교의 위치와 학교 내 건물에 대해 말해 보세요.
8. 학교에서 바꾸고 싶은 것이 무엇인지와 그 이유는 무엇인지 말해 보세요.
9. 학교를 많이 결석하면 안 되는 이유는 무엇인가요?
10. 읽기 학습이 왜 중요하다고 생각하나요?
11. 읽은 책이나 가장 좋아하는 책에 대해 말해 보세요.
12. 일 년 내내 학교에 다니고 싶은가요? 그렇거나 그렇지 않은 이유가 무엇인가요?
13. 전학 온 학생이 반에서 환영받는다고 느끼게 하려면 어떻게 해야 할까요?
14. 같은 반 친구가 시험지를 베끼는 것을 본다면 어떻게 하겠어요?
15. 학생이 학교 기물을 부수는 것을 본다면 어떻게 하겠어요?
16. 선생님이 숙제를 주는 이유는 무엇이라고 생각하나요?
17. 학급의 규칙은 어떤 것이 있으며, 그 규칙이 왜 중요한가요?
18. 학교에서 재난 훈련과 소방 훈련을 하는 것이 왜 중요한가요?
19. 하루 동안 선생님이 된다면 무엇을 하겠어요?
20. 현장 학습이 즐거운 이유는 무엇인가요?
21. 학교에서 개최한 특별 활동에 대해 말해 보세요.
22. 학교에서 본 영상에 대해 말해 보세요.
23. 학교 버스 안전 규칙과 그 규칙이 왜 중요한지 말해 보세요.
24. 학교에서 경험한 곤란한 상황에 대해 말해 보세요.
25. 교실에서 경험한 재미있었던 일에 대해 말해 보세요.

🔧 **TIP** 치료사가 제시하는 주제에 대하여 30초 이상 말하도록 한다.

학교 – 대화 10

🏈 **주제**: 학교

◆ **언어 단위**: 대화 10(말하기 과업: 주제 관련 대화)

주제: 대화 ▶

1. 학교에서 다양한 장소에 가는 방법

2. 쓰기 수업, 역사 수업 등 대상자가 학습하는 내용

3. 도서관에 있는 신간 도서

4. 학교에서 진행되는 교내 행사

5. 다양한 학교 물품 기능

6. 수행평가

7. 성적표

8. 학교 직원의 역할

9. 일상적인 학교생활에서 좋은 점

10. 특수 학급의 교과 과정과 활동

TIP ① 치료사가 대화 상황에서 사용할 수 있는 주제를 제시한다. 대상자가 관심 있는 다른 주제를 정해도 되고, 독백 과업에서 사용한 주제로 대화를 해도 된다.
② 대상자가 자연스럽게 대화하도록 추가적인 질문이나 적절한 반응을 하며 대화를 한다.

학교 – 대화 11

● **주제:** 학교

◈ **언어 단위:** 대화 11(말하기 과업: 가상 전화)

전화하기 ▶

1. 학교에 전화를 걸어서 학교 주소 묻기
2. 학교에 전화를 걸어서 다음 성적표가 언제 나오는지 묻기
3. 학교에 전화를 걸어서 학교 등교 시간 묻기
4. 학교에 전화를 걸어서 학교 급식 비용 묻기
5. 학교에 전화를 걸어서 아파서 학교에 결석할 것이라고 말하기
6. 학교에 전화를 걸어서 시험 기간이 언제인지 묻기
7. 학교에 전화를 걸어서 방학이 언제인지 묻기
8. 친구에게 전화를 걸어서 숙제에 관해서 묻기
9. 친구에게 전화를 걸어서 숙제가 몇 쪽까지인지, 언제까지인지 묻기
10. 엄마에게 전화를 걸어서 버스를 놓쳐서 데리러 오라고 말하기
11. 학교에 전화를 걸어서 병원에 다녀와야 해서 늦는다고 보고하기
12. 친구에게 전화를 걸어서 다음 날 방과 후에 올 수 있는지 묻기
13. 엄마에게 전화를 걸어서 학교에서 늦게 마친 이유 설명하기
14. 학교에 전화를 걸어서 학기의 시작일과 종강일 묻기
15. 학교에 전화를 걸어서 현장 체험일과 장소가 어디인지 묻기
16. 학교에 전화를 걸어서 학교에 복장 규정 방침이 있는지 묻기
17. 선생님께 전화를 걸어서 수업에 늦는 이유를 설명하기
18. 선생님께 전화를 걸어서 과제를 못할 것 같은 이유를 설명하기
19. 선생님께 전화를 걸어서 준비물을 가져오지 못할 것 같은 이유를 설명하기
20. 엄마에게 전화를 걸어서 과제를 가져다달라고 부탁하기
21. 엄마에게 전화를 걸어서 준비물을 가져다달라고 부탁하기
22. 친구에게 전화를 걸어서 다른 친구가 결석한 이유를 묻기
23. 친구에게 전화를 걸어서 수업 시간에 이해하지 못한 내용을 묻기
24. 친구에게 전화를 걸어서 음악 수행평가에 대하여 묻기
25. 친구에게 전화를 걸어서 체육 시간에 무엇을 할지에 대해서 묻기

TIP 전화기를 들고 가상으로 전화를 한다. 치료사가 상대자가 되어 응답하고, 역할을 바꾸어서 연습한다.

학교 – 대화 12

● **주제**: 학교

◈ **언어 단위**: 대화 12(말하기 과업: 실제 전화)

전화하기 ▶

1. 친구에게 숙제 알려 주기

2. 친구에게 현장 견학 때 입을 옷에 관해서 묻기

3. 친구에게 숙제 마감일 묻기

4. 친구에게 학급 행사에 필요한 준비물 묻기

5. 친구에게 과학 박람회 프로젝트를 위해 준비해야 할 것 묻기

6. 크리스마스 때 같이 시간 보내기

7. 도서관에서 책 대출하는 것 묻기

8. 주말에 같이 시험 공부할 것에 대해 묻기

9. 친구에게 패스트푸드에서 맛있는 음식 추천받기

10. 체육 시간에 무엇을 하는지 묻기

11. 수학 공부하는 방법 묻기

12. 영어 단어 외우는 방법 묻기

13. 보건실에 가는 방법 묻기

14. 문제집 가격에 대해서 묻기

15. 체육대회 준비물에 대해서 묻기

TIP ① 먼저 가상으로 전화 역할극을 한다.
② 실제 전화로 여러 가지 역할을 수행한다. 대상자의 실제 환경에 따라 적절하게 주제를 수정하여 사용한다.

스포츠 – 단어 1

● **주제:** 스포츠

◈ **언어 단위:** 단어 1(그림)

🖊 **TIP** 대상자에게 명명하게 하거나 치료사의 음도와 강도로 단어를 모방하게 한다.

스포츠 – 단어 2

● **주제:** 스포츠

◈ **언어 단위:** 단어 2(일음절 단어)

일음절 단어 ▶

공	팀	볼	활
채	줄	골	신
발	손	점	통
폴	파	턴	업
킥	윙	탑	총

TIP 대상자에게 명명하게 하거나 치료사의 음도와 강도로 단어를 모방하게 한다.

스포츠 – 단어 3

● **주제**: 스포츠
◆ **언어 단위**: 단어 3(다음절 단어)

다음절 단어 ▶

야구	축구	농구	수영	양궁
스키	씨름	선수	훈련	포수
승리	실책	안타	득점	도루
수비	공격	골대	파울	평영
방망이	드리블	자유형	운동장	배구
스케이트	구기종목	핸드볼	럭비	월드컵

TIP 대상자에게 명명하게 하거나 치료사의 음도와 강도로 단어를 모방하게 한다.

스포츠 – 단어 4

● **주제:** 스포츠

◆ **언어 단위:** 단어 4(양자택일형 질문에 대한 단어)

양자택일 질문: 단어 산출 ▶

1. 친구가 놀러 온다면 야구 혹은 농구 중 무엇을 할래요?

2. 공원에서 야구를 한다면 타자 혹은 투수를 할래요?

3. 올 한 해 운동을 한다면, 축구 혹은 농구 중 무엇을 할래요?

4. 좋아하는 야구 팀을 선택한다면, 삼성 혹은 롯데 중 무엇을 할래요?

5. 농구 유니폼 색깔을 선택한다면, 빨간색 혹은 파란색 중 무엇을 할래요?

6. 축구 경기복 바지를 선택한다면, 반바지 혹은 긴바지 중 무엇을 할래요?

7. 줄넘기 추가 연습이 필요하다면, 실내 혹은 실외 어디에서 할까요?

8. 스포츠 중계를 본다면, 야구 혹은 농구 중 무엇을 볼래요?

9. 축구 팀 마스코트에 투표하라면, 사자 혹은 호랑이 중 무엇을 할래요?

10. 운동 중 마실 것이 필요하다면, 물 혹은 스포츠 음료 중 무엇을 할래요?

11. 스포츠를 할 때, 관중 혹은 참가자 중 무엇을 할래요?

12. 운동을 잘하기 위해 연습을 한다면, 매일 해야 할까요, 이틀에 한 번 해야 할까요?

13. 운동 경기에서 우승한다면, 트로피 혹은 상패 중 무엇을 받을래요?

14. 운동 경기 중 간식을 먹어야 한다면, 과일 혹은 견과류 중 무엇을 먹을래요?

15. 운동을 하기 전에 30분 전에 도착한다면, 쉬는 것과 연습 중에 무엇을 선택할래요?

16. 운동팀 감독이 살을 빼라고 한다면, 운동 혹은 식이조절 중 무엇을 선택할래요?

17. 농구를 하고 있는데 동료가 부른다면, 패스 혹은 전진 중에 무엇을 선택할래요?

18. 축구 포지션을 선택할 수 있다면, 공격수 혹은 골키퍼 중 무엇을 선택할래요?

19. 가장 좋아하는 운동을 고르라면, 농구 혹은 축구 중 무엇을 선택할래요?

20. 엄마가 운동을 시켜 준다면, 스키 혹은 수영 중 무엇을 선택할래요?

> **TIP** 치료사가 양자택일 질문을 하면 대상자는 두 단어 중에 하나를 선택하여 말한다.

스포츠 – 단어 5

◐ **주제:** 스포츠

◈ **언어 단위:** 단어 5(범주어)

범주어 산출 ▶

범주어	하위어
1. 스포츠	농구, 야구, 축구
2. 스포츠 장비	헬멧, 라켓, 야구방망이
3. 야외 스포츠	야구, 축구, 골프
4. 실내에서 하는 스포츠	수영, 농구, 역도
5. 야구 용어	포수, 투수, 타자
6. 농구 용어	코트, 골대, 드리블
7. 축구 용어	골키퍼, 공격수, 수비수
8. 수영 용어	자유형, 레인, 배영
9. 스포츠 의류	수영복, 운동복, 스키복
10. 혼자 할 수 있는 운동	자전거, 줄넘기, 수영
11. 체육관에 있는 운동기구	농구대, 점프대, 뜀틀
12. 공 종류	골프공, 축구공, 배구공
13. 겨울 스포츠	하키, 스키, 스케이트
14. 여름 스포츠	수상스키, 수영, 제트스키
15. 올림픽 경기	다이빙, 체조, 역도
16. 체육관에서 발견한 물건	매트, 로프, 농구대
17. 스포츠에서 점수를 얻는 방법	홈런, 골인, 버디
18. 팀 마스코트	호랑이, 사자, 갈매기
19. 야구 선수 이름	이승엽, 이정후, 오승환
20. 축구 선수 이름	박지성, 이동국, 손흥민
21. 스포츠 경기 장소	코트, 구장, 경기장
22. 스포츠 경기장에서 볼 수 있는 것	선수, 관중석, 매점
23. 경기장 점수판에 있는 것	파울, 시간, 아웃
24. TV중계 스포츠	농구, 야구, 축구
25. 스포츠 용품	공, 매트, 글러브

🖝 **TIP**   ① 치료사가 범주를 말하면 대상자는 그 범주에 해당하는 것을 두 개 이상 말한다.
② 치료사가 범주를 말하면 대상자는 그 범주에 해당되지 않는 것을 두 개 이상 말한다.
③ 치료사가 범주에 해당하는 하위어를 세 개 말하면 대상자는 그 범주에 해당하는 단어를 한 개 이상을 추가한다.

스포츠 – 단어 6

🔵 **주제:** 스포츠

🔷 **언어 단위:** 단어 6(문장에서 빠진 단어)

빠진 단어 산출 ▶

1. 나는 _____로 야구공을 쳤어요.
2. 나는 _____을 차서 골대에 넣었어요.
3. 수영장에서 _____을 했어요.
4. 농구장에서 _____으로 드리블을 했어요.
5. 운동장에서 _____를 했어요.
6. 야구 선수가 _____을 쳐서 야구장 담장을 넘겼어요.
7. 친구랑 모래판에서 _____을 했어요.
8. 라켓을 사용하는 운동 경기는 _____이에요.
9. 경기의 규칙을 적용해서 심판을 보는 것은 _____이에요.
10. 스코어보드판은 _____결과를 알려 줘요.
11. 야구 선수는 경기를 할 때 _____을 써요.
12. 축구공은 검은색이고, 농구공은 _____색이에요.
13. 축구, 배구, 농구는 _____을 경기를 해요.
14. 밖에서 하는 스포츠는 _____스포츠예요.
15. 안에서 하는 스포츠는 _____스포츠예요.
16. 경기 규칙을 적용하여 판정을 하는 사람은 _____이에요.
17. 심판은 파울을 하면 _____를 불어서 경기를 정지시켜요.
18. 야구 경기에서는 _____가 높아야 이겨요.
19. 축구, 야구, 농구는 _____예요.
20. 야구장에서 머리에 _____를 쓰고 있어요.
21. 투수는 _____을 타자에게 던져요.
22. 좋은 운동선수가 되려면 _____을 많이 해야 해요.
23. 경기 전에 _____을 풀어야 해요.
24. 수영은 _____을 제일 먼저 배워요.
25. 빙상장에서 _____를 타요.

🧭 **TIP**　치료사가 미완성된 문장을 제시하면 대상자가 적절한 단어를 넣어서 문장을 완성한다.

스포츠 – 단어 7

● **주제:** 스포츠

◈ **언어 단위:** 단어 7(개인적 선호도에 대한 자발적 단어)

개인적 선호도 질문 ▶

1. 실외에서 운동을 하고 싶다면, 무슨 운동을 할래요?
2. 아버지랑 같이 TV 스포츠 중계를 본다면, 어떤 종목을 보고 싶나요?
3. 친구가 가장 좋아하는 프로팀을 물어본다면, 어떤 팀으로 대답할래요?
4. 작은아버지가 생일선물로 야구 유니폼을 사 준다면, 어떤 선수 이름을 인쇄할래요?
5. 부모님이 스포츠 캠프를 보내 주신다면, 어떤 운동을 배우고 싶나요?
6. 엄마가 새로운 운동을 가르쳐 준다고 한다면, 어떤 운동을 하고 싶다고 말할래요?
7. 아동이 운동장에서 야구 경기를 한다면, 무엇을 준비해야 하나요?
8. 운동 팀 이름을 정한다면, 어떤 이름을 제안할래요?
9. 야구장에서 기념품 살 돈이 있다면, 무엇을 사고 싶나요?
10. 좋아하는 운동 경기에 대한 보고서를 작성한다면, 어떤 운동 경기에 대해 조사할래요?
11. 운동 팀의 마스코트를 정한다면, 어떤 종류의 마스코트를 제안할래요?
12. 세 명의 친구에게 게임을 보러 오라고 요청한다면, 누구를 초대할래요?
13. 농구를 한다면, 어떤 기구가 필요한가요?
14. 축구를 한다면, 어떤 종류의 준비물이 필요한가요?
15. 농구 팀을 만든다면, 누구랑 함께 할래요?
16. 할머니가 운동 장비를 사 준다면, 어떤 장비를 사 달라고 요청할래요?
17. 좋아하는 운동선수 책을 선물 받는다면, 어떤 선수 책을 받고 싶나요?
18. 운동복 유니폼 색상을 변경한다면, 어떤 색으로 변경하고 싶나요?
19. 당신이 싫어하는 운동을 말한다면, 어떤 것을 이야기하고 싶나요?
20. 스포츠 용품점에서 100만 원을 사용할 수 있다면, 무엇을 사고 싶나요?
21. 탁구를 치려고 한다면, 어떤 장비가 필요한가요?
22. 친구들과 공놀이를 한다면, 무슨 경기를 하고 싶나요?
23. 아버지랑 운동 경기를 보러 간다면, 무슨 경기를 보고 싶나요?
24. 동생이랑 운동을 한다면, 무슨 운동을 하고 싶나요?
25. 줄넘기를 한다면, 몇 명이서 하고 싶나요?

TIP 치료사가 개인적 선호에 대한 질문을 하면 대상자가 단어로 말한다.

스포츠 - 구 1

🏉 주제: 스포츠

◈ 언어 단위: 구(그림)

야구 유니폼 하얀 유니폼	축구 유니폼 빨간 유니폼	탁구공 작은 공	농구공 큰 공
앉아 있는 포수 받는 포수	서 있는 투수 던지는 투수	눈에서 하는 스포츠 겨울 스포츠	물에서 하는 스포츠 여름 스포츠

 TIP　① 치료사가 완성된 구를 모델링하고, 대상자가 모방한다.
　　　② 치료사가 미완성된 구를 제시하고, 대상자는 단어를 추가하여 완성된 구를 산출한다.

스포츠 – 구 2

● 주제: 스포츠
◆ 언어 단위: 구 2(구 완성하기-①)

구 완성하기 ▶

1. _____우승	2. _____게임
3. _____점수	4. _____선수
5. _____공	6. _____유니폼
7. _____경기장	8. _____베이스
9. _____골대	10. _____아웃
11. _____감독	12. _____코치
13. _____트랙	14. _____게임
15. _____라켓	16. _____연습
17. _____팀	18. _____파울
19. _____게임	20. _____트로피
21. _____상금	22. _____골대
23. _____티켓	24. _____네트

TIP ① 치료사가 완성된 구를 모델링하고, 대상자가 모방한다.
② 치료사가 미완성된 구를 제시하고, 대상자는 단어를 추가하여 완성된 구를 산출한다.

스포츠 – 구 3

● 주제: 스포츠

◆ 언어 단위: 구 3(구 완성하기-②)

구 완성하기 ▶

1. 야구 _____	2. 축구 _____
3. 슛 _____	4. 삼진 _____
5. 3점 _____	6. 씨름 _____
7. 배구 _____	8. 공수 _____
9. 종합 _____	10. 연습 _____
11. 스키 _____	12. 농구 _____
13. 타임 _____	14. 테니스 _____
15. 파울 _____	16. 트랙을 도는 _____
17. 활을 쏘는 _____	18. 자유투 던지는 농구 _____
19. 샅바 잡고 있는 _____	20. 응원하는 _____
21. 승리 선언하는 _____	22. 홈런 치는 _____
23. 티켓 사는 _____	24. 골을 넣는 _____

TIP ① 치료사가 완성된 구를 모델링하고, 대상자가 모방한다.
② 치료사가 미완성된 구를 제시하고, 대상자는 단어를 추가하여 완성된 구를 산출한다.

스포츠 – 구 4

● **주제:** 스포츠

◆ **언어 단위:** 구 4(양자택일형 질문에 구로 답하기)

양자택일 질문: 구 산출 ▶

1. 실외에서 운동을 하고 싶다면, 야구 혹은 축구 중에 무슨 운동을 할래요?

2. 아버지랑 같이 TV 스포츠 중계를 본다면, 농구 혹은 배구 중에 무슨 운동을 볼래요?

3. 가장 좋아하는 프로야구 팀을 물어본다면, 기아 혹은 삼성 중에 어느 팀을 좋아해요?

4. 작은아버지가 생일 선물로 야구 유니폼을 사 준다면, 이승엽 혹은 박찬호 중에 누구 이름을 인쇄할래요?

5. 부모님이 스포츠 캠프를 보내 주신다면, 스키 혹은 골프 중에 무엇을 배울래요?

6. 엄마가 새로운 운동을 가르쳐 준다고 한다면, 태권도 혹은 유도 중에 무엇을 배울래요?

7. 운동장에서 야구 경기를 한다면, 방망이 혹은 글러브 중에 무엇을 준비해야 하나요?

8. 운동 팀 이름을 정한다면, 라이온즈 혹은 타이거즈 중에 무엇이라고 할래요?

9. 야구장에서 기념품 살 돈이 있다면, 티셔츠 혹은 모자 중에 무엇이 좋나요?

10. 좋아하는 운동 경기에 대한 보고서를 작성한다면, 양궁 혹은 사격 중에 어떤 종목에 대해 작성할래요?

11. 운동 팀의 마스코트를 정한다면, 사자 혹은 호랑이 중에 무엇이 좋나요?

12. 게임을 보러 오라고 요청한다면, 엄마 혹은 아빠 중에 누구를 초대할래요?

13. 농구를 한다면, 공 혹은 유니폼 중에 무엇이 필요한가요?

14. 야구를 한다면, 공 혹은 방망이 중에 무엇이 필요한가요?

15. 농구 팀을 만든다면, 친구 혹은 사촌 중에 누구랑 할래요?

16. 할머니께서 운동 장비를 사 준다면, 방망이 혹은 글러브 중에 무엇이 필요한가요?

17. 좋아하는 운동선수 책을 선물받는다면, 손흥민 혹은 박지성 책 중에 무엇이 좋나요?

18. 운동복 유니폼 색상을 변경한다면, 파란색 혹은 빨간색 중에 무슨 색이 좋은가요?

19. 당신이 싫어하는 운동을 말한다면, 역도 혹은 격투기 중에 무엇이 싫은가요?

20. 스포츠 용품점에서 100만 원을 사용할 수 있다면, 헬스기구 혹은 필라테스 기구 중에 무엇이 좋은가요?

21. 올림픽 경기를 TV로 본다면, 배드민턴 혹은 역도 중에 무엇이 재미있나요?

22. 친구들과 공놀이를 한다면, 축구 혹은 농구 중에 무슨 경기가 좋나요?

23. 아버지랑 운동 경기를 보러 간다면, 야구 혹은 농구 중에 무엇이 좋은가요?

24. 동생이랑 운동을 한다면, 롤러스케이트 혹은 줄넘기 중에 무엇이 좋은가요?

25. 줄넘기를 한다면, 혼자 혹은 단체 중에 무엇이 좋은가요?

TIP 치료사가 양자택일 질문을 하면 대상자는 하나를 선택하여 구로 답한다.

스포츠 - 구 5

🎙 **주제:** 스포츠

◈ **언어 단위:** 구 5(팬터마임 보고 구로 말하기)

팬터마임 보고 구 산출하기 ▶

1. 골을 넣는 축구 선수	2. 줄넘기하는 어린이
3. 방망이를 휘두르는 야구 선수	4. 캐치볼을 잡는 수비수
5. 홈런을 치는 타자	6. 드리블하는 농구 선수
7. 골을 넣는 농구 선수	8. 스타트하는 육상 선수
9. 달리기하는 육상 선수	10. 심판의 파울 선언
11. 자유형을 하는 수영 선수	12. 점수를 매기는 기록원
13. 승리를 선언하는 심판	14. 티켓 사는 관객
15. 응원하는 관객	16. 퍼팅하는 골프 선수
17. 응원하는 치어리더	18. 역기를 드는 역도 선수
19. 활을 쏘는 양궁 선수	20. 자유투를 던지는 농구 선수
21. 라켓을 휘두르는 테니스 선수	22. 지시하는 감독
23. 샅바를 잡고 있는 씨름 선수	24. 다이빙하는 다이빙 선수

TIP ① 치료사가 제시된 팬터마임을 제시하고, 대상자는 짧은 구로 말한다.
② 대상자가 쉽게 추측하도록 가능한 많은 정보를 제공하고, 필요하면 구어 단서를 제공한다.

스포츠 – 구 6

● **주제**: 스포츠

◈ **언어 단위**: 구 6(제시 문장 유추해서 구 말하기)

유추하여 구 산출 ▶

1. 타자는 공을 치고, 투수는…….
2. 실외 운동은 바깥에서 하고, 실내 운동은…….
3. 축구는 발로 공을 차고, 농구는…….
4. 야구장에서 야구를 하고, 배구장에서는…….
5. 박지성은 축구 선수이고, 박찬호는…….
6. 스키는 겨울 스포츠이고, 수영은…….
7. 자전거는 혼자 할 수 있는 운동이고, 축구는…….
8. 홈런은 야구에서 점수를 얻는 방법이고, 버디는…….
9. 호랑이는 기아의 마스코트이고, 사자는…….
10. 다이빙은 물에서 하는 운동이고, 스케이트는…….
11. 야구는 여름에 하는 경기이고, 농구는…….
12. 수영 선수는 수영복을 입고, 스키 선수는…….
13. 양궁은 활로 하고, 검도는…….
14. 스킨스쿠버는 바다에서 하고, 골프는…….
15. 골프는 공으로 하는 경기이고, 양궁은…….
16. 타자가 안타를 치면, 수비수는…….
17. 마라톤은 실외 트랙에서 하고, 수영은…….
18. 야구 선수는 운동을 하고, 관람객은…….
19. 축구 선수가 반칙을 하면, 심판은…….
20. 야구 선수가 안타를 치고 나서 수비수가 태그를 하면…….
21. 배구 선수가 서브를 하고 나면, 수비수가…….
22. 스케이트는 빙판에서 타고, 인라인 스케이트는…….
23. 마라톤은 도구가 필요 없는 경기이고, 축구는…….
24. 태권도는 우리나라에서 만들어졌고, 미식 축구는…….
25. 스키는 폴을 이용해서 하는 경기이고, 골프는…….

TIP 치료사가 미완성된 문장을 제시하면 대상자가 적절한 단어를 넣어서 문장을 완성한다.

스포츠 – 구 7

🐾 **주제:** 스포츠

◈ **언어 단위:** 구 7(문장에서 빠진 구)

빠진 구 산출 ▶

1. 경기 중에 두 선수가 싸우기 시작하자 심판은 _____ _____

2. 우리 팀 점수가 상대편보다 높을 때, 우리 팀원은 _____ _____

3. 우리 팀이 게임에서 승리한 후, 감독은 _____ _____

4. 친구들과 농구를 하기로 했는데 잊어버렸을 때, 나는 _____ _____

5. 심판이 잘못된 판정을 내렸을 때, 우리 코치는 _____ _____

6. 실수로 야구공으로 이웃집 창문을 깨뜨렸을 때, 나는 _____ _____

7. 축구 경기를 할 때 팀 선수가 부족할 때, 우리는 _____ _____

8. 우리 팀이 게임에서 졌을 때, 친구들은 _____ _____

9. 축구를 하고 싶은데 공이 없다면 친구는 _____ _____

10. 야구장에서 홈런 공을 받았을 때, 친구의 반응은 _____ _____

11. 야구를 하는 중에 비가 내리기 시작해서, 심판이 _____ _____

12. 아버지가 운동용품을 사러 가려고 할 때, 나는 _____ _____

13. 내가 가장 좋아하는 스포츠의 가장 좋은 점은 _____ _____

14. 내가 보고 싶은 경기에 티켓이 없을 때, 나는 _____ _____

15. 아버지랑 야구를 하고 있는데 친구들이 같이하고 싶다고 하면, 나는 _____ _____

16. 좋아하는 축구 선수가 경기에서 3골을 넣었을 때, 나는 _____ _____

17. 내가 줄넘기를 하다가 발에 걸려서 넘어졌을 때, 친구는 _____ _____

18. 야구 경기가 연장전에 돌입하자, 아빠는 _____ _____

19. 친구와 내가 같은 팀이 아니었을 때, 나는 _____ _____

20. 경기 당일 독감에 걸렸기 때문에 엄마는 _____ _____

21. 운동을 하다가 운동복이 찢어졌을 때, 나는 _____ _____

22. 내가 달리기를 하다가 지쳤다고 생각해서, 담임선생님은 _____ _____

23. 달리기 시합에서 1등을 해서, 우리 어머니가 _____ _____

24. 축구 경기를 하고 있는데 친구가 내 옷을 계속 잡아당겼을 때, 나는 _____ _____

25. 내 축구공이 사라졌을 때, 나는 _____ _____

🔌 **TIP**   지료사가 미완성된 문장을 제시하면 대상자가 두 단어 이상 구를 넣어서 문장을 완성한다.

스포츠 – 구 8

● **주제:** 스포츠

◈ **언어 단위:** 구 8(질문에 구로 답하기)

질문: 구 산출 ▶

1. 농구 선수가 하는 일을 말해 보세요.
2. 축구 선수가 하는 일을 말해 보세요.
3. 야구 선수가 하는 일을 말해 보세요.
4. 배구 선수가 하는 일을 말해 보세요.
5. 수영 선수가 하는 일을 말해 보세요.
6. 역도 선수가 하는 일을 말해 보세요.
7. 심판이 하는 일을 말해 보세요.
8. 치어리더가 하는 일을 말해 보세요.
9. 감독이 하는 일을 말해 보세요.
10. 경기 티켓을 구할 수 없을 때 할 수 있는 일을 말해 보세요.
11. 경기 티켓을 구할 수 없는 이유를 말해 보세요.
12. 너의 팀이 계속 진다면, 왜 그런지 말해 보세요.
13. 너의 팀이 구기게임에서 계속 진다면, 왜 그런지 말해 보세요.
14. 관중들이 경기를 관람할 때 하는 일에 대해 말해 보세요.
15. 경기 중에 싸움이 나면, 심판이 할 수 있는 일을 말해 보세요.
16. 운동 경기가 예정되어 있다가 취소되는 이유를 말해 보세요.
17. 수영의 유형은 어떤 것이 있는지 말해 보세요.
18. 운동부원들이 건강을 유지하기 위해 할 수 있는 일을 말해 보세요.
19. 농구 선수들이 할 수 있는 슛을 말해 보세요.
20. 축구 경기 중에 부상을 당할 경우에는 어떻게 해야 하는지 말해 보세요.
21. 스포츠 아나운서가 할 수 있는 일은 무엇인지 말해 보세요.
22. 줄넘기하는 방법을 말해 보세요.
23. 배드민턴 경기에 대해 말해 보세요.
24. 코치가 새 투수를 투입하기로 결정하는 이유를 말해 보세요.
25. 멀리뛰기를 잘하려면 어떻게 해야 하는지 말해 보세요.

TIP 치료사가 질문을 하면 대상자는 두 단어 이상의 구로 답하도록 한다.

스포츠 – 문장 1

● 주제: 스포츠

◆ 언어 단위: 문장 1(그림)

수영장에서 다이빙을 해요.	심판이 선수에게 경고를 줘요.	친구들이랑 응원을 해요.
체육관에서 농구를 해요.	배드민턴장에서 친구랑 시합을 해요.	운동장에서 달리기를 해요.

 TIP   ① 치료사가 각 문장을 말하면 대상자는 그대로 따라 말한다.
② 치료사가 문장의 앞부분을 제시하면 대상자가 결과를 넣어 완전한 문장으로 말한다.
③ 치료사가 오류 문장을 제시하면 대상자가 의미적으로 맞게 문장을 수정해서 말한다.

스포츠 – 문장 2

🫧 **주제:** 스포츠

◈ **언어 단위:** 문장 2(문장 따라 말하기)

문장 산출하기 ▶

1. 우리 모두 파이팅!	21. 공을 가지고 갈 수 있습니까?
2. 우리가 이겼다.	22. 게임에서 누가 이기고 있나요?
3. 경기를 하고 있어요.	23. 우리가 이겼으면 좋겠다.
4. 야구는 피곤해요.	24. 같이 놀아도 될까요?
5. 경기 티켓은 얼마입니까?	25. 스키를 타요
6. 달리기 운동해요.	26. 감독님께 말할게요.
7. 타임아웃 선언해요.	27. 워밍업을 해요.
8. 그건 불공평해	28. 경기 전에 몸을 풀어요.
9. 공은 어디에 있습니까?	29. 친구랑 경기를 해요.
10. 내 차례야.	30. 다이빙을 해도 될까요?
11. 오늘 밤 경기는 몇 시에 시작합니까?	31. 타자를 할게요.
12. 엄마 아빠가 경기에 오시나요?	32. 홈런은 몇 개 나왔나요?
13. 점수는 몇 점입니까?	33. 자유투를 던져요.
14. 나는 4시에 연습해요.	34. 빈 스윙을 해요.
15. 공은 어디에 있습니까?	35. 프리킥을 해요.
16. 점수는 25 대 22입니다.	36. 누가 투수야?
17. 엄마 아빠가 경기를 보시나요?	37. 업–다운해 볼래?
18. 경기 티켓은 얼마입니까?	38. 활을 쏘세요.
19. 탁구공은 가벼워요.	39. 블로킹을 해요.
20. 게임에서 이기면 무엇을 얻나요?	40. 서브를 넣어요.

🔷 **TIP** 치료사가 각 문장을 읽으면 대상자는 그대로 따라 말한다.

스포츠 – 문장 3

● **주제:** 스포츠

◆ **언어 단위:** 문장 3('만약 ~라면'에 대한 문장 완성하기)

'만약 ~라면' 문장 산출 ▶

1. 우리 팀이 이긴다면……
2. 연습이 부족하다면……
3. 제일 성적이 좋은 선수가 출전하지 못한다면 ……
4. 내가 응원하는 팀이 승리를 한다면……
5. 경기하는 날 몸이 많이 아프다면……
6. 야구를 해야 하는데, 글러브를 잃어버린다면……
7. 경기를 시작해야 하는데, 늦게 나타난다면……
8. 코치가 주의를 기울이지 않고 소리를 지른다면……
9. 공을 차다가 이웃집 유리창을 깬다면……
10. 공이 강물에 빠지게 된다면……
11. 공이 이웃집 담장을 넘긴다면……
12. 야구 경기를 봐야 하는데, 경기장에서 관람을 못하게 한다면……
13. 줄넘기를 내기를 했는데, 친구랑 둘이 점수가 같다면……
14. 유니폼이 갑자기 작아진다면……
15. 축구 경기에 부모님이 관람하러 오지 않는다면……
16. 응원하는 팀이 경기에 진다면……
17. 경기 중에 친구가 자꾸 실책을 한다면……
18. 야구공을 치다가 방망이가 부러진다면……
19. 운동장에서 축구를 하는데 비가 온다면……
20. 보고 싶은 경기에 티켓이 없다면……
21. 게임이 끝났을 때 점수가 동점이라면……
22. 선생님들이 운동을 가르쳐 주는데, 잘 따라 하지 못한다면……
23. 운동 경기 시간에 늦는다면……
24. 운동 경기 중에 갑자기 화장실에 가고 싶다면……
25. 줄넘기를 하는데 줄이 끊어진다면……

🧭 **TIP** 치료사가 만약 문장의 앞부분을 제시하면 대상자가 결과를 넣어 완전한 문장으로 말한다.

스포츠 - 문장 4

● 주제: 스포츠

◆ 언어 단위: 문장 4(오류 문장 수정해서 다시 말하기)

오류 문장 수정해서 말하기 ▶

1. 경기가 끝나면 <u>유니폼을</u> 입는다.
2. 파울이 생기면 심판이 <u>소리</u>를 지른다.
3. 최고의 선수이기 때문에 <u>골을 넣을 수 없다.</u>
4. 우리 팀이 우승을 해서, <u>모두 잠이 들었다.</u>
5. 운동할 때 목이 마르면, <u>뜨거운 물을</u> 마신다.
6. 축구공을 <u>손으로</u> 찬다.
7. 달릴 때 더 빨리 달리도록 슬리퍼를 새로 샀다.
8. 야구장에서 <u>예쁜 옷들을</u> 관람했어요.
9. 야구를 하러 가려고 하는데, <u>라켓을</u> 깜빡했다.
10. 축구 경기를 하는 동안 선수들은 <u>응원을</u> 했다.
11. 친구들과 경기를 마치고, 집에 가니까 피곤해서 <u>춤을</u> 췄다.
12. 우리는 새로운 <u>병원으로</u> 야구 경기를 보러 갔다.
13. 코치님이 <u>방망이로</u> 보드판에 그림을 그리면서 작전 회의를 한다.
14. 헬멧을 착용하는 것은 <u>무릎이</u> 다치지 않도록 보호해 줍니다.
15. 스키 선수는 멋진 <u>스케이트</u> 한 켤레를 가지고 있습니다.
16. 태권도를 하기 위해, <u>유도복을</u> 입는다.
17. 친구들과 <u>야구장에서</u> 방송으로 야구 중계방송을 봤다.
18. 농구 전반전 점수는 25:13으로 동점이었다.
19. 친구들은 수영장에서 수영을 하다가 <u>유리창을 깼다.</u>
20. 엄마는 내가 공을 잘 차기 때문에, <u>야구에</u> 등록해 주셨다.
21. 우리는 공 던지기 연습을 하러 <u>도서관에</u> 간다.
22. 야구장에 가서, 유니폼 뒤에 <u>주소</u>를 인쇄하였다.
23. 응원을 하면서 <u>밥을</u> 먹어서 목소리가 변했다.
24. 야구장에서 홈런을 쳐서, 발로 하이파이브를 했다.
25. 스키장에서 <u>방망이를</u> 활용해서 스키를 타요.

 ① 치료사가 오류 문장을 제시하면 대상자가 그대로 따라 말하고 잘못된 부분을 찾는다.
② 대상자가 의미적으로 맞게 문장을 수정해서 말한다.

스포츠 - 문장 5

🍡 **주제:** 스포츠

◈ **언어 단위:** 문장 5(같은 점과 다른 점 말하기)

같은 점과 다른 점 말하기 ▶

1. 야구-축구	2. 모자-헬멧
3. 코치-감독	4. 축구장-농구장
5. 농구공-골프공	6. 테니스-배드민턴
7. 스케이트-스키	8. 방망이-글러브
9. 유니폼-운동복	10. 투수-포수
11. 야구 배트-테니스 라켓	12. 경기-연습
13. 수영-스킨스쿠버	14. 태권도-유도
15. 골키퍼-미드필더	16. 홈런-안타
17. 3점슛-2점슛	18. 미식축구-축구
19. 농구골대-축구골대	20. 1루타-2루타
21. 스키장갑-골프장갑	22. 하키-축구
23. 감독-선수	24. 스코어보드-백보드

🔧 **TIP**　대상자는 치료사가 제시하는 두 단어가 어떻게 같고, 어떻게 다른지 문장으로 설명한다.

스포츠 – 문장 6

● **주제:** 스포츠

◆ **언어 단위:** 문장 6(가상 상황에 대해 말하기)

가상 상황에서 말하기 ▶

1. 수비수가 경기 중에 반칙을 합니다.
2. 축구를 하는데 골키퍼를 하고 싶습니다.
3. 친구들과 야구를 하고 싶습니다.
4. 내가 응원하는 팀이 승리를 했습니다.
5. 경기하는 날 몸이 많이 아픕니다.
6. 친구들에게 새 글러브를 보여 주었습니다.
7. 아빠가 축구 경기장에 데려가셨습니다.
8. 태권도 학원을 빼먹었는데, 태권도 학원 선생님을 만났습니다.
9. 동생이 경기를 하고 싶어 합니다.
10. 새로운 축구화를 사야 합니다.
11. 수영을 하려고 하는데, 수영복이 맞지 않습니다.
12. 달리기를 하는데 목이 마릅니다.
13. 밤에 축구를 하려고 나갔는데 너무 어둡습니다.
14. 응원하는 팀이 경기에서 졌습니다.
15. 야구를 하는데 방망이가 부러졌습니다.
16. 축구를 하는데 비가 내립니다.
17. 경기 중에 친구가 다쳤습니다.
18. 하루에 줄넘기를 200개씩 합니다.
19. 내가 체육대회에서 1등을 해서 친구들이 응원을 합니다.
20. 수영을 그만 하고 싶습니다.
21. 경기가 끝났는데, 동점입니다.
22. 친구랑 축구를 하기로 했는데, 시간에 늦었습니다.
23. 운동 경기를 하는데 갑자기 화장실이 가고 싶습니다.
24. 경기를 하는데 친구가 자꾸 딴짓을 합니다.
25. 운동을 하다가 안경이 깨졌습니다.

 TIP 치료사는 가상의 상황을 제시하고, 대상자는 상황에서 어떻게 할지 문장으로 말한다.

스포츠 – 문장 7

🏈 **주제:** 스포츠

◈ **언어 단위:** 문장 7(문장 완성하기)

문장 완성하기 ▶

1. 경기 전에…….
2. 경기를 쉬는 동안에…….
3. 코치가 정보를 가르쳐 주는데…….
4. 경기가 끝나가는데…….
5. 코치가 나를 교체하려고 하는데…….
6. TV 중계방송이 되지 않아서…….
7. 내가 홈런을 쳤을 때…….
8. 내가 안타를 쳤을 때…….
9. 가족들이 내 경기를 보러 왔을 때…….
10. 운동 경기 대회를 나갈 때…….
11. 새로운 야구 방망이가 생겼을 때…….
12. 경기가 무승부로 끝났을 때…….
13. 스포츠 용품을 매장에서…….
14. 농구 경기에서 3점 슛을 넣었을 때…….
15. 씨름에서 이겼을 때…….
16. 내가 좋아하는 야구 선수를 만났을 때…….
17. 내가 좋아하는 팀이 이겼을 때…….
18. 심판이 잘못 판정했을 때…….
19. 운동 중에 물이 떨어졌을 때…….
20. TV에서 좋아하는 경기를 보고 있을 때…….
21. 친구들을 응원하려고 간식을 사게 되었을 때…….
22. 경기 중에 넘어져서 다쳤을 때…….
23. 경기 중에 무승부가 되었을 때…….
24. 경기 중에 이기고 싶을 때…….
25. 운동 중에 물을 마시고 싶을 때…….

🔎 **TIP**　치료사는 미완성 문장을 제시하고, 대상자는 자연스럽게 문장을 마무리한다.

스포츠 – 대화 1

● **주제:** 스포츠

◆ **언어 단위:** 대화 1(그림 장면 설명하기-야구 경기 상황)

타자가 타석에 들어섰어요.
투수는 공을 던지려고 해요.
타자는 공을 치려고 해요.
포수는 공을 받으려고 준비를 하고 있어요.
심판은 볼 판정을 해요.

 치료사가 그림 장면을 제시하고, 장면에 대하여 설명하게 한다. 대상자의 발화가 짧거나 간단하면 장면과 관련된 질문을 한다. 대상자가 자연스럽게 대화하도록 추가적인 질문을 하거나 대상자의 말에 적절한 반응을 하며 대화를 한다.

스포츠 – 대화 2

🗨 **주제:** 스포츠

◈ **언어 단위:** 대화 2(그림 장면 설명하기-운동장 상황)

체육대회에서 줄다리기 경기를 해요.
빨간 팀이 힘을 주며 줄을 당겨요.
파란 팀이 영차영차 줄을 끌어당겨요.
같은 팀 친구들이 응원을 하고 있어요.
맨 뒤에 있는 친구는 거의 누워서 줄을 당겨요.

TIP 치료사가 그림 장면을 제시하고, 장면에 대하여 설명하게 한다. 대상자의 발화가 짧거나 간단하면 장면과 관련된 질문을 한다. 대상자가 자연스럽게 대화하도록 추가적인 질문을 하거나 대상자의 말에 적절한 반응을 하며 대화를 한다.

스포츠 – 대화 3

● **주제:** 스포츠

◈ **언어 단위:** 대화 3(말하기 과업: 사물 설명하기)

사물 설명하기 ▶

1. 야구	2. 야구 방망이
3. 야구 모자	4. 야구장
5. 축구	6. 헬멧
7. 포수	8. 볼링공
9. 축구공	10. 농구
11. 농구 코트	12. 심판
13. 농구 유니폼	14. 야구 유니폼
15. 수영복	16. 경기장
17. 수영장	18. 글러브
19. 골프채	20. 골프공
21. 네트	22. 축구 골대
23. 투수	24. 타자

⚡ **TIP**   대상자는 치료사가 제시하는 단어에 대해 문장으로 설명한다.

스포츠 – 대화 4

● **주제**: 스포츠

◈ **언어 단위**: 대화 4(말하기 과업: 활동 설명하기)

활동 설명하기 ▶

1. 야구장에서 일어나는 일
2. 농구 경기 중에 일어나는 일
3. 축구 경기 중에 일어나는 일
4. 야구 경기 중에 일어나는 일
5. 테니스 경기 중에 일어나는 일
6. 볼링을 하는 중에 생기는 일
7. 축구 패스를 하면서 생기는 일
8. 축구 공차기
9. 축구 패스하기
10. 야구공 치기
11. 홈런 득점
12. 농구공 던지기
13. 농구 드리블하기
14. 골프공 치기
15. 축구 유니폼 입기
16. 야구 유니폼 입기
17. 멀리뛰기
18. 농구 경기 시작
19. 탁구 경기 중에 일어나는 일
20. 피구하기
21. 100m 달리기
22. 줄넘기
23. 농구 패스하기
24. 자유형 하기
25. 안타 치기

TIP 치료사가 활동을 제시하고, 대상자는 활동을 어떻게 수행하는지 순서대로 설명한다.

스포츠 – 대화 5

🐚 **주제:** 스포츠

◆ **언어 단위:** 대화 5(말하기 과업: 주제에 대해 대답하기와 질문하기)

대답하기와 질문하기 ▶

1. 좋아하는 스포츠
2. TV에서 주로 보는 스포츠
3. 좋아하는 스포츠 선수
4. 좋아하는 종류의 운동화
5. 실제로 해 본 스포츠
6. 태권도 경기
7. 야구 경기장
8. 지역 야구 팀
9. 가지고 있는 스포츠 기념품의 종류
10. 지역 축구 팀
11. 스포츠 매장
12. 갖고 있는 유니폼
13. 싫어하는 스포츠
14. 동계올림픽
15. 스포츠 용품을 구입한 장소
16. 좋아하는 프로 팀
17. 스포츠 경기에서 먹고 싶은 음식
18. 평소에 같이 운동하러 가는 사람
19. 스포츠 장비
20. 야구 경기 규칙
21. 올림픽
22. 월드컵
23. 좋아하는 종류의 마스코트
24. 아시안 게임
25. 가장 좋아하는 겨울 스포츠

🔊 TIP ① 치료사가 하나의 주제에 대해 질문을 하면 대상자가 대답한다.
② 치료사가 제시하는 주제에 대하여 대상자가 질문을 하게 한다.

스포츠 - 대화 6

● **주제**: 스포츠

◆ **언어 단위**: 대화 6(말하기 과업: 가상 상황에서 질문하기)

가상 상황: 질문하기 ▶

1. 경기 일정을 모릅니다.
2. 이번 한국시리즈 우승 팀을 알고 싶습니다.
3. 이번 주말에 개최될 농구 경기를 할 팀을 알고 싶습니다.
4. 야구 경기 중 내가 맡을 포지션을 모릅니다.
5. 태권도 학원 시간을 모릅니다.
6. 친구들과 만나서 연습할 시간을 모릅니다.
7. 다음 아시안 게임 개최 국가를 모릅니다.
8. 국민체조 순서를 잊어버렸습니다.
9. 하계 올림픽 개최 국가를 알고 싶습니다.
10. 영국 프리미어 팀에서 뛰고 있는 축구 선수를 모릅니다.
11. 축구 경기 티켓비가 얼마인지 모릅니다.
12. 대구에 월드컵 경기장이 어디 있는지 모릅니다.
13. 저녁을 먹고 아버지가 달리기 연습을 도와줄 수 있는지 모릅니다.
14. 탁구채를 구입하는 곳이 어디인지 알고 싶습니다.
15. 오늘 야구 중계방송을 하는 채널을 알고 싶습니다.
16. 롤러스케이트장이 어디 있는지 알고 싶습니다.
17. 어젯밤에 올림픽 금메달을 땄는지 알고 싶습니다.
18. 유도 경기 기술을 관장님이 가르쳐 주셨는데, 어떻게 하는지 이해를 못했습니다.
19. 축구를 하다가 학교 유리창을 깼는데, 어떻게 해결해야 하는지 모릅니다.
20. 야구 경기가 늦게 끝나서 지하철이 끊겼습니다. 어떻게 집에 가야 할까요?
21. 내년에 유소년 야구 팀 모집 기간을 알고 싶습니다.
22. 내가 줄넘기를 몇 개 뛰었는지 알고 싶습니다.
23. 축구 경기를 하러 가야 하는데 유니폼을 찾을 수 없습니다.
24. 수영을 하는데 킥판이 어디 있는지 알고 싶습니다.
25. 오늘 야구 중계 시간을 알고 싶습니다.

🔊 **TIP**　치료사가 가상 상황을 제시하고, 대상자는 가상 상황과 관련된 질문을 한다.

스포츠 – 대화 7

🐾 **주제:** 스포츠

◈ **언어 단위:** 대화 7(말하기 과업: 편안한 상황에 대한 역할극 하기)

편안한 상황: 역할극 ▶

1. 친구에게 야구단 유소년 팀에 들어가고 싶은지 묻는 상황
2. 친구에게 축구를 하러 가자고 묻는 상황
3. 친구에게 야구를 보러 가자고 묻는 상황
4. 친구랑 어젯밤 있었던 축구 경기에 대해 이야기를 나누는 상황
5. 부모님께 야구 경기 끝나는 시간에 데리러 와 달라고 요청하는 상황
6. 친구들과 농구 클럽에 가입하고 싶은지 묻는 상황
7. 친구들과 운동 경기 규칙을 정하고자 하는 상황
8. 친구의 부모님께 운동 경기를 마치고 집에 데려다 달라고 하는 상황
9. 친구를 내 경기에 구경 오라고 초대하는 상황
10. 친구에게 운동 장비를 빌려달라는 말을 하는 상황
11. 아버지랑 저녁에 같이 농구를 하고 싶다고 말을 하는 상황
12. 내가 사고 싶은 글러브에 대해서 스포츠 매장 직원에게 문의하는 상황
13. 엄마에게 유니폼을 세탁해 달라고 부탁하는 상황
14. 친구에게 운동 장비를 가져다 달라고 부탁하는 상황
15. 아버지께 내 운동 경기를 관람해 달라고 요청하는 상황
16. 선생님께 줄넘기를 어디에 둬야 하는지 묻는 상황
17. 어머니께 생일 선물로 유니폼 선물을 받고 싶다고 요청하는 상황
18. 친구에게 가장 좋아하는 스포츠에 대해 설명하는 상황
19. 부모님께 새벽에 하는 영국 프리미어 축구 중계방송 보는 것을 허락받는 상황
20. 아버지께 스트레칭하는 방법에 대해서 여쭤보는 상황
21. 스포츠 상점 점원에게 사이즈에 맞는 축구화를 신어 볼 수 있도록 요청하는 상황
22. 엄마에게 학교 마칠 때 운동복을 가지고 와 달라고 요청하는 상황
23. 태권도 관장님께 방학 스케줄에 대해서 문의하는 상황
24. 엄마에게 내일 체육대회 때 가져갈 음료수를 사 달라고 부탁하는 상황
25. 점원에게 새로운 수영복을 사는데 무엇을 고려해야 할지 묻는 상황

⚡ **TIP** 치료사가 일상에서 편안한 상황을 제시하고, 치료사와 대상자가 역할을 바꾸어 가며 대화한다.

스포츠 – 대화 8

● **주제:** 스포츠

◆ **언어 단위:** 대화 8(말하기 과업: 불편한 상황에 대한 역할극 하기)

불편한 상황: 역할극 ▶

1. 수영 선생님께 수영을 그만둔다고 말하는 상황
2. 엄마가 하지 말라고 했지만, 축구 팀에 들어가고 싶다고 이야기하는 상황
3. 이웃집 창문을 축구공으로 깨뜨렸다고 이웃에게 말하는 상황
4. 체육 시간에 친구들과 장난을 쳐서 선생님께서 죄송하다고 말하는 상황
5. 어머니가 체육복을 세탁해 놓지 않아서 불평하는 상황
6. 경기 중에 상대편과 싸움을 하는 상황
7. 점수를 획득할 찬스를 놓쳐서 동료들에게 사과하는 상황
8. 야구 경기장에서 기념품을 사고 싶다고 엄마에게 조르는 상황
9. 친구랑 다른 지역의 야구 경기를 보러 가고 싶다고 아버지께 말하는 상황
10. 친구들과 축구하다가 바지가 어떻게 찢어졌는지 어머니께 설명하는 상황
11. 이웃집으로 넘어간 공을 돌려달라고 말하는 상황
12. 비싼 야구 글러브를 사 달라고 부모님을 설득하는 상황
13. 부모님께 새벽에 하는 영국 프리미어 축구 보는 것을 허락받는 상황
14. 친구들에게 오늘 축구 경기가 취소되었다고 이야기하는 상황
15. 축구 경기를 예매해 달라고 부모님께 요청하는 상황
16. 모르는 경기 규칙에 대해서 친구에게 설명해 달라고 요청하는 상황
17. 친구가 모르는 경기 규칙에 대해서 설명해 주는 상황
18. 자기가 좋아하는 팀이 왜 좋은지 설명하는 상황
19. 수영장에서 수영하다가 물에 빠져 물을 먹게 된 상황을 부모님께 설명하는 상황
20. 오늘 농구 학원을 빠지는 것에 대해 아버지를 설득하는 상황
21. 친구랑 각자 자기가 좋아하는 팀에 대해서 싸우는 상황
22. 친구랑 각자 자기가 좋아하는 야구 선수에 대해서 싸우는 상황
23. TV중계를 보면서 심판의 판정이 잘못되었다는 것을 설명하는 상황
24. 역도 경기의 규칙에 대해서 설명하는 상황
25. 어머니께 농구를 배우고 싶다고 요청하는 상황

🔊 **TIP**   치료사가 일상에서 불편한 상황을 제시하고, 치료사와 대상자가 역할을 바꾸어 가며 대화한다.

스포츠 – 대화 9

● **주제:** 스포츠

◆ **언어 단위:** 대화 9(말하기 과업: 주제에 대한 독백)

주제: 독백 ▶

1. 좋아하는 스포츠팀에 대해 이야기해 주세요.
2. 좋아하는 스포츠 영웅에 대해 이야기해 주세요.
3. TV에서 본 스포츠 경기에 대해 이야기해 주세요.
4. 최근에 본 흥미진진한 스포츠 경기에 대해 이야기해 주세요.
5. 운동을 하다가 당황스러웠던 순간에 대해 이야기해 주세요.
6. 스포츠를 하면서 재미있었던 순간에 대해 이야기해 주세요.
7. 왜 모든 스포츠에는 규칙이 있나요?
8. 좋은 운동선수를 만드는 것은 무엇입니까?
9. 운동 중에 부상을 당한 경우에 대해 이야기해 주세요.
10. 경기 전에 연습하는 것이 왜 중요한가요?
11. 좋은 선수란 무엇입니까?
12. 축구 선수가 되고 싶습니까? 그 이유는 무엇인가요?
13. 가장 좋아하는 스포츠는 무엇인가요?
14. 스포츠가 좋은 취미인 이유는 무엇입니까?
15. 스포츠를 하는 동안 부상을 당하지 않으려면 어떻게 해야 합니까?
16. 농구를 잘하고 싶은 이유는 무엇인가요?
17. 심판이 힘든 이유는 무엇인가요?
18. 내가 운동 팀을 만들고 싶은 종목은 무엇인가요? 왜 그런가요?
19. 프로선수와 아마추어 선수의 차이는 무엇인가요?
20. 다이어트를 하기 위해 좋은 운동은 무엇이고, 왜 그런가요?
21. 감독은 큰 경기를 하기 전에 팀에 동기를 부여하기 위해 어떤 일을 하나요?
22. 경기장에 직접 가서 경기를 보는 이유는 무엇인가요?
23. 팀원이 더 나은 선수가 되도록 돕기 위해 무엇을 할 수 있습니까?
24. 가족이 게임에 나타나지 않으면 어떻게 하시겠습니까?
25. 팀 동료들과 우승 시즌을 어떻게 축하하고 싶습니까?

◑ TIP 치료사가 제시하는 주제에 대하여 30초 이상 말하도록 한다.

스포츠 – 대화 10

● **주제**: 스포츠

◆ **언어 단위**: 대화 10(말하기 과업: 주제 관련 대화)

주제: 대화 ▶

1. 잡지를 보고 스포츠에 대해 토론하거나 스포츠 주제와 관련된 토론을 하세요.

2. 최근 스포츠 방송에 대해 토론하세요.

3. 야구 중계방송에 대해서 토론하세요.

4. 스포츠 경기 티케팅에 대해서 토론하세요.

5. 스포츠 홍보 마케팅에 대해서 토론하세요.

6. 스포츠 팀의 마스코트에 대해서 토론하세요.

7. 운동선수의 해외 진출에 대해서 토론하세요.

8. 세계적인 한국 축구 선수에 대해서 토론하세요.

9. 스포츠 용품에 대해서 토론하세요.

10. 올림픽에 대해서 토론하세요.

 ① 치료사가 대화 상황에서 사용할 수 있는 주제를 제시한다. 대상자가 관심 있는 다른 주제를 정해도 되고, 독백 과업에서 사용한 주제로 대화를 해도 된다.
② 대상자가 자연스럽게 대화하도록 추가적인 질문이나 적절한 반응을 하며 대화를 한다.

스포츠 – 대화 11

● **주제:** 스포츠

◈ **언어 단위:** 대화 11(말하기 과업: 가상 전화)

전화하기 ▶

1. 야구 경기장에 전화해서 야구 경기 시간 묻기
2. 친구에게 같이 야구 경기장에 갈 수 있는지 묻기
3. 114에 전화해서 야구장 전화번호 묻기
4. 친구에게 전화해서 야구 결과 묻기
5. 엄마에게 전화해서 친구와 야구해도 되는지 묻기
6. 부모님께 전화해서 친구랑 야구장 가도 되는지 묻기
7. 부모님께 전화해서 친구 집에서 야구 보고 가도 되는지 묻기
8. 친구에게 전화해서 야구 구경 갈 일정 정하기
9. 아빠에게 전화해서 야구 경기장에 데리러 와 달라고 부탁하기
10. 부모님께 야구 경기 예매해 달라고 부탁하기
11. 친구랑 통하하면서 축구 경기 약속하기
12. 친구에게 전화해서 다른 친구랑 축구 경기하기로 한 내용 전달하기
13. 부모님께 야구장 가는 방법 물어보기
14. 야구장에 가져갈 수 있는 음식이 무엇인지 묻기
15. 집에 전화해서 우산을 가져와 달라고 부탁하기
16. 직장에 있는 아빠에게 전화해서 야구 규칙 물어보기
17. 축구장에 전화해서 예선 경기 일정 물어보기
18. 농구장에 전화해서 사전 행사에 대해 물어보기
19. 학교에 전화해서 운동장 사용 여부 물어보기
20. 친구랑 통화해서 야구장 경품 추첨 신청 방법 물어보기
21. 태권도장에 전화해서 수업 시간 변경해도 되는지 묻기
22. 부모님께 전화해서 수영장에서 간식 사 먹어도 되는지 물어보기
23. 수영장에 전화해서 오픈 시간 물어보기
24. 수영장에 전화해서 등록 기간 물어보기
25. 친구에게 전화해서 수영장 언제 갈지 물어보기

 전화기를 들고 가상으로 전화를 한다. 치료사가 상대자가 되어 응답하고, 역할을 바꾸어서 연습한다.

스포츠 – 대화 12

● 주제: 스포츠

◆ 언어 단위: 대화 12(말하기 과업: 실제 전화)

전화하기 ▶

1. 친구에게 야구장 간 경험에 대해서 물어보기

2. 친구에게 수영 배울 의사 물어보기

3. 친구에게 학교에서 축구한 일 물어보기

4. 친구랑 야구 경기 결과 통화로 이야기하기

5. 축구장에 전화해서 예선 경기 일정 물어보기

6. 친구에게 전화해서 야구장 가는 길 물어보기

7. 수영장에 전화해서 오픈 시간 물어보기

8. 엄마에게 전화해서 친구와 축구 해도 되는지 묻기

9. 부모님께 전화해서 친구랑 수영장 가도 되는지 묻기

10. 아빠에게 전화해서 야구 경기장 가는 방법 물어보기

11. 친구에게 전화해서 야구 구경 갈 일정 정하기

12. 부모님께 전화해서 친구랑 야구장 가도 되는지 묻기

13. 친구랑 통화하면서 농구할 약속 정하기

14. 아빠랑 통화하면서 야구 방망이 사 달라고 요청하기

15. 테니스 레슨 시간 알아보기

 TIP ① 먼저 가상으로 전화 역할극을 한다.

② 실제 전화로 여러 가지 미션을 수행한다. 대상자의 실제 환경에 따라 적절하게 주제를 수정하여 사용한다.

 저자 소개

신명선(Myung Sun Shin)
부산가톨릭대학교 언어청각치료학과 교수

김효정(Hyo Jung Kim)
고신대학교 언어치료학과 교수

장현진(Hyun Jin Chang)
부산가톨릭대학교 언어청각치료학과 교수

학령기 말더듬 아동과 청소년을 위한

유창성 증진 및 인지 · 정서 중재 프로그램
Fluency and Cognition-Emotion Up Program for School-age Children and Adolescent with Stuttering

2023년 12월 30일 1판 1쇄 발행
2025년   2월 20일 1판 2쇄 발행

지은이 • 신명선 · 김효정 · 장현진
펴낸이 • 김진환
펴낸곳 • (주) **학 지사**
　　　　04031 서울특별시 마포구 양화로 15길 20 마인드월드빌딩
대표전화 • 02)330-5114　　　팩스 • 02)324-2345
등록번호 • 제313-2006-000265호

홈페이지 • http://www.hakjisa.co.kr
인스타그램 • https://www.instagram.com/hakjisabook

ISBN 978-89-997-3042-9 93370

정가 18,000원

출판미디어기업 학 지사
간호보건의학출판 **학지사메디컬** www.hakjisamd.co.kr
심리검사연구소 **인싸이트** www.inpsyt.co.kr
학술논문서비스 **뉴논문** www.newnonmun.com
교육연수원 **카운피아** www.counpia.com
대학교재전자책플랫폼 **캠퍼스북** www.campusbook.co.kr